RECHERCHE

DES

TENDANCES INTERVENTIONNISTES

CHEZ QUELQUES ÉCONOMISTES LIBÉRAUX FRANÇAIS

de 1830 à 1850

PAR

LÉON DUVOIR

DOCTEUR EN DROIT

Avocat à la Cour d'Appel

PARIS

LIBRAIRIE NOUVELLE DE DROIT ET DE JURISPRUDENCE

ARTHUR ROUSSEAU ÉDITEUR

14, RUE SOUFFLOT ET RUE TOULLIER, 13

—

1901

RECHERCHE

DES

TENDANCES INTERVENTIONNISTES

CHEZ QUELQUES ÉCONOMISTES LIBÉRAUX FRANÇAIS

de 1830 à 1850

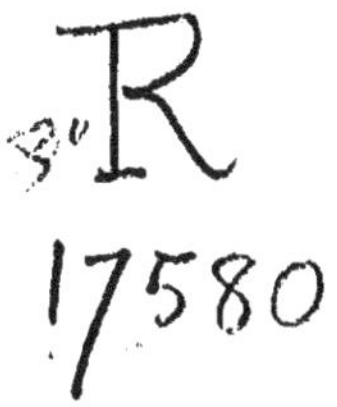

RECHERCHE

DES

TENDANCES INTERVENTIONNISTES

CHEZ QUELQUES ÉCONOMISTES LIBÉRAUX FRANÇAIS

de 1830 à 1850

PAR

LÉON DUVOIR

DOCTEUR EN DROIT

Avocat à la Cour d'Appel

PARIS

LIBRAIRIE NOUVELLE DE DROIT ET DE JURISPRUDENCE

ARTHUR ROUSSEAU ÉDITEUR

14, RUE SOUFFLOT ET RUE TOULLIER, 13

—

1901

RECHERCHE
DES
TENDANCES INTERVENTIONNISTES
CHEZ QUELQUES ÉCONOMISTES LIBÉRAUX FRANÇAIS
de 1830 à 1850

AVANT-PROPOS

Nous ne pouvions dans ce travail avoir la prétention d'étudier une longue période de notre histoire économique. Il ne nous était pas possible non plus d'envisager ce qu'était à cette époque l'Ecole libérale française dans son ensemble.

Aussi avons-nous choisi quelques années et distrait seulement quelques hommes de la remarquable phalange qui commandait à l'idée économique en France dans cette première moitié du XIXe siècle.

Les vingt années que nous avons choisies, sont celles pendant lesquelles nos économistes ont produit au grand jour les idées qui faisaient le fonds de leur doctrine.

Les six économistes sur lesquels a porté notre choix sont ceux qui, tout en restant à tous les égards des libéraux incontestés, nous ont paru les plus intéressants à étudier au point de vue spécial des tendances interventionnistes.

C'est successivement que nous verrons : le docteur Villermé, promoteur des mesures interventionnistes au point de vue ouvrier; puis, toujours à ce même point de vue Blanqui l'aîné, sur le rôle duquel nous nous étendrons plus longuement ; puis Fix et Léon Faucher, dont les opinions et les tendances se rapprochent fort de Blanqui.

Nous terminerons enfin par le Baron Dupin, qui sans être à proprement parler un classique trouve sa place au milieu de tous ses collègues libéraux de l'Académie.

Les idées libérales de sa jeunesse s'étaient profondément modifiées par la suite, et souvent il préconisa les mesures interventionnistes, tant au point de vue du commerce international que dans les questions ouvrières.

C'est à cause de ces considérations de « Milieu » et aussi parce qu'il montre fort bien, lui, le plus avancé dans la voie de l'interventionnisme, la progression lente vers la réglementation ouvrière, que nous avons cru, sans qu'on nous en fasse un grief, pouvoir le comprendre dans notre étude.

Au point de vue, non plus de la question ouvrière, mais du commerce extérieur, nous dirons quelques mots du comte Rossi, libre-échangiste s'il en fut, mais sous condition d'une certaine mesure, suivant certaine atténuation qu'il sera intéressant de noter.

Ce n'est, bien entendu, pas l'œuvre économique tout entière de ces hommes que nous verrons, mais les parties de cette œuvre où nous aurons rencontré des théories, des arguments intéressant le sujet que nous avons proposé.

Le plan que nous avons suivi et qui consiste à passer successivement en revue et à étudier à part chacun de ces économistes n'est pas, nous l'avouons, celui qui offre la meilleure synthétisation de leurs idées communes. Il se justifie par la pensée qui nous a guidé, de donner, par des sortes de brèves monographies, des indications sur chacun de ces écrivains et de les proposer, au besoin, en indiquant les voies à suivre, à des recherches plus amples, plus spéciales et plus développées.

On nous passera aussi les citations nombreuses et parfois longues. Seules, en effet, elles pourront nous éclairer à coup sûr, et seront les meilleurs de nos arguments.

CHAPITRE PREMIER

LA PENSÉE ÉCONOMIQUE AU COMMENCEMENT DU XIXe SIÈCLE.

Les doctrines libérales d'Adam Smith régnaient en maîtresses dans toute l'Europe au commencement du XIXe siècle.

Ces doctrines répandues, vulgarisées par d'illustres disciples, Malthus, Ricardo en Angleterre, Jean-Baptiste Say en France, constituaient le fonds de la pensée économique. L'Ecole classique était établie. Elle était devenue l'Ecole cosmopolite, presque universelle.

Elle formait un tout, un « bloc » fait de principes également immuables, intangibles. Elle avait restitué au travail de l'homme la place qui lui était due; elle avait solidement posé la théorie de la libre-concurrence, établi et étudié la valeur en usage, la valeur en échange, les produits du travail, la monnaie, le prix courant, le prix naturel (1).

(1) Cf. Cauvès, *Economie politique.*

Adam Smith et ses disciples avaient, a-t-on souvent dit, donné à l'Economie politique la forme, la consistance d'une science propre, distincte de la sociologie, ayant ses définitions, ses lois, ses applications.

Les principes de cette nouvelle science, formaient un tout, un ensemble savamment échafaudé, auquel il ne fallait pas toucher dans une quelconque de ses parties, sous peine de voir s'effondrer l'édifice tout entier. « Périsse l'univers plutôt qu'un principe » se serait volontiers écrié un pur économiste libéral !

Et c'est plus particulièrement avec J.-B. Say en France, que l'Ecomie politique classique avait revêtu ce caractère si dominant d'intangibilité.

Avec cet économiste « l'Ecole » s'était faite encore plus abstraite, plus doctrinale qu'elle ne l'était avec Adam Smith, qui s'était avant tout proposé comme but l'enrichissement des nations. Elle s'était, en un mot, préoccupée uniquement du développement de la production (1) mais était restée complètement indifférente à la masse des travailleurs.

Jean-Baptiste Say était d'ailleurs suivi par la plupart des économistes français, Rossi, Dunoyer, etc.

Mais à cette même époque, plusieurs écoles venaient battre en brèche l'Ecole classique. C'étaient les *romantiques* avec Haller, Müller, Gentz, puis les *socialistes* : phalanstériens avec Fourrier, défenseurs du droit au travail avec Louis Blanc, préconisateurs de l'Etat industriel

(1) Cf. Cauvès, *Economie politique*.

avec St-Simon. Enfin, naissait une troisième école que Cossa appelle « Ecole des philanthropes pessimistes » et dont le chef le plus éminent était Sismondi. Ces économistes, sans trop conclure, s'étaient émus de l'état misérable des classes travailleuses et avaient trouvé que le progrès et les machines, loin de produire le bien-être avaient été les instruments de cet état de chose.

C'est vers cette école que les libéraux que nous étudions montrant des tendances à délaisser la pure doctrine de Smith et de J. de Say s'étaient quelque peu tournés.

Du haut de leurs chaires de professeurs, ou à l'Académie, ou dans leurs discussions au sein des Assemblées politiques, dont quelques-uns d'entr'eux faisaient partie, ou bien encore dans leurs ouvrages de doctrine, notre pléïade d'économistes que nous pourrions appeler « une petite école de gens en place » se montrait toujours aussi intransigeante pour la défense des doctrines de l'Ecole classique et particulièrement de la liberté commerciale.

Mais dans des écrits moins sévères, empreints d'un certain réalisme, et fait plus d'observations que de principes (1), ils se montraient émus, frappés du malheur de la classe laborieuse ; et sans penser où les plus petites concessions pouvaient les conduire les doctrines socialistes n'étant pas encore nées à leur époque — ils

(1) Blanqui, *Condition des classes ouvrières*, par exemple.

s'apitoyaient sur les misères des ouvriers et se laissaient aller à demander l'intervention du gouvernement en faveur de quelques réformes(1).

La première de ces réformes fut la loi du 22 mars 1841 portant réglementation du travail des enfants employés dans les manufactures, loi, dont le Baron Dupin fut rapporteur et un des plus chauds défenseurs (2).

(1) On peut dire aussi que pour ces libéraux, toutes les Ecoles économiques se sont réduites à deux principales. « D'un côté les propagateurs du système protecteur et de l'autre tous les partisans de la liberté progressive du Commerce » (Blanqui, *Revue Mensuelle*, tome IV, 1835, page 541). Le point de vue de l'intervention ou de la liberté en matière *ouvrière*, était pour eux secondaire, aussi admettaient-ils à son égard, plus facilement des concessions et des tempéraments qu'ils ont toujours refusés lorsqu'on a voulu toucher au principe absolu de la liberté du commerce international.

(2) Au *Journal des Économistes* (décembre 1844 — mars 1845, pages 70 et suivantes), se trouve le compte rendu d'une séance à l'Académie des Sciences morales et politiques, où la loi de 1841 est discutée en séance publique. Le Docteur Villermé, le Baron Dupin et Léon Faucher s'entendent sur l'excellence du principe de la loi, qui est combattue par Charles Dunoyer.

A ce même *Journal des Économistes* (août-novembre 1845, pages 159 et suivantes), la loi sur le travail des enfants dans les manufactures étant revenue en discussion à l'Académie, Dunoyer combat de nouveau le principe de la loi que soutient Blanqui. Ce dernier déclare formellement qu' « il ne faut pas enlever à l'Etat la tutelle de l'enfance » (pages 162 et suivantes).

CHAPITRE II.

VILLERMÉ (Louis-René) (Dr).

---

§ 1er. — ESQUISSE BIOGRAPHIQUE. — SA VIE. — SES ŒUVRES.

1° *Ses débuts.* — Villermé naquit le 10 mai 1782 et mourut à Paris le 16 novembre 1863.

Il commença par s'adonner à la médecine et ses études n'étaient pas terminées qu'il dut partir en 1804 comme chirurgien militaire de 3e classe à la suite de la Grande-Armée.

Rendu à la vie civile en 1814, il se fit recevoir docteur en médecine, et dès l'année 1815 collaborait au grand Dictionnaire des Sciences médicales.

En 1830, il abandonnait définitivement la médecine (qu'il ne devait reprendre que temporairement deux années plus tard, pendant une épidémie de choléra) pour se donner tout entier à son étude préférée : l'économie politique et l'hygiène publique.

D'ailleurs son indépendance de caractère et son désintéressement se seraient mal accordés avec la culture d'une clientèle (1).

Ses débuts avaient été des plus difficiles et gênés sans cesse par les troubles politiques qui agitaient la France à cette époque; aussi avait-il dû, par la suite faire preuve de courage et d'énergie pour suppléer au temps perdu pendant les premières années. La dure vie de soldat lui avait fait connaître la misère et appris la ténacité qui permet toujours de triompher.

2° *Villermé hygiéniste et économiste. — Enoncé de ses principaux ouvrages.* — Rendu à la vie civile, Villermé avait conservé de ses premières années dures et troublées un amour sincère et profond de l'humanité (2) et une prédilection pour les classes peu favorisées, souffrantes et laborieuses (3).

Ses études premières, sa compassion pour les malheureux, son goût pour l'étude et le travail de cabinet (4) l'avaient tout naturellement porté à étudier l'économie politique dans ses rapports avec l'hygiène publique (5), en un mot, toutes les questions ayant trait à l'amélioration sociale (6) des malheureux.

Dès l'année 1820, il publiait un important ouvrage sur « la Réforme des prisons », bientôt suivi d'un autre

(1) Biographie Michaud, tome 43, pages 495 et suivantes.
(2) Biographie Didot, tome 46.
(3) Biographie Michaud, tome 43.
(4 et 5) Guérard, *Annales d'hygiène*, 1864, tome 21, page 164.
(6) Biographie Didot, tome 46.

traitant plus spécialement de la « Mortalité dans les prisons » (1829). C'est un livre, dit Béclard, qui révèle « un profond sentiment d'humanité » (1).

C'était une noble tâche et un exemple à donner que cette enquête minutieuse à laquelle il s'était lui-même livrée et qui lui avait appris ce que les prisons avaient d'horrible à cette époque, si l'on songe que la mortalité y était de 25 à 30 pour cent !

En 1829, en même temps qu'il fondait les *Annales d'Hygiène*, il publiait un ouvrage sur « les Sociétés de prévoyance » qu'il signalait à l'autorité publique.

De cette époque aussi datent plusieurs mémoires dont l'un a pour titre : « Mémoire sur la distribution de la population française par sexe et par état civil ».

Entre temps, il publiait un travail sur « l'Influence de l'aisance et de la misère sur la mortalité ». Dans ce travail, il établissait par des chiffres que la mortalité est en raison inverse de l'aisance.

Il admettait en outre que la population d'un pays s'accroît d'autant moins qu'elle est plus dense. « Mais, dit Béclard, il n'ajoutait pas comme Malthus, que les substances s'accroissent seulement en proportion arithmétique ! » (2).

Elu membre de l'Institut (section des sciences morales et politiques) en 1832, il était chargé par elle d'une enquête qu'il commençait dès 1835 et qu'il publiait en

(1) Béclard, *Gazette des Hôpitaux*, 14 décembre 1865, page 582.

(2) Béclard, *ibid*.

1840 sous le titre de « Tableau de l'état physique et moral des ouvriers employés dans les manufactures de coton, de laine et de soie ». Ce livre, le premier du genre, est non seulement « un travail statistique de longue étude et un document précieux qui se recommande par la rigueur des chiffres, c'est encore une œuvre de haute moralité » (1).

En 1849, il publiait pour le gouvernement et au nom de l'Académie un ouvrage sur les « Associations ouvrières » et, lui, qui s'était toujours montré le défenseur des classes pauvres, ne craignait pas, au lendemain des troubles de 1848, se posant comme « leur ami, non leur flatteur » (2) de leur donner, avec une franchise sans détour (3) et une sincérité allant jusqu'à la brusquerie (4) les plus sages conseils. « Il y démontrait, nous dit Béclard en résumant cet ouvrage, l'inanité du communisme et ce qu'il préconisait était une association, non pas exigée de l'Etat, mais produite par la libre volonté et demandée à l'épargne » (5).

C'était une voie tracée aux sociétés ouvrières en participation parfois si utiles, si bienfaisantes.

Ces deux derniers ouvrages, qui constituent ce qu'il y a de plus saillant dans Villermé, seront d'ailleurs spécialement examinés dans un autre paragraphe.

(1) Guérard, *Annales d'hygiène*, année 1864, tome 21, p. 167.
(2) Guérard, *ibid.* p. 173.
(3) Béclard, *Gazette des Hôpitaux*, 14 décembre 1865, p. 582.
(4) Béclard, *ibid.* p. 584.
(5) Béclard, *ibid.* p. 583.

Dès 1850, Villermé reprenait le cours de ses études favorites et abandonnant les questions sociales proprement dites, se prenait de nouveau à la rédaction d'ouvrages sur l'hygiène publique.

Il publiait successivement un livre sur « Les cités ouvrières » (1850) et un autre sur les « Accidents produits dans les ateliers industriels par les appareils mécaniques ».

Beaucoup restait à faire pour le meilleur fonctionnement des machines, et cependant que de chemin parcouru depuis que dans l'industrie du coton par exemple, les batteurs ventilateurs mécaniques avaient remplacé l'ancien battage à la main, dont il parlait dans son « Etat physique et moral des ouvriers » et qui, selon lui, était la cause première de cette terrible pneumonie cotonneuse !

C'est à cette époque, en 1851, qu'il perdait la compagne de sa vie et se retirait près de sa fille, veuve de E. de Fréville. L'amour de la famille, joint à l'amour de l'étude était d'ailleurs la seule passion de Villermé. N'avons-nous pas la preuve de cette tendresse filiale dans ce que rapporte Guérard (1) quand il nous apprend qu'âgé de 71 ans, en 1863, il n'hésitait pas à partir de nuit, en voiture publique et par un froid glacial, pour se rendre auprès de son fils Louis gravement malade. Louis Villermé, suivant les traces de son père, devait dans la suite publier une série de travaux fort intéressants

(1) Guérard, *Annales d'hygiène*, 1864, tome 21, p. 169 et suivantes.

sur l'économie rurale, ainsi que de nombreux et intéressants articles publiés par la *Revue des Deux-Mondes.*

Villermé s'éteignait entouré des siens, le 16 novembre 1863, après une vie longue, et si bien remplie qu'à la veille même de sa mort, rien ne l'inquiétait tant que la crainte de ne pouvoir achever un travail en cours sur *Les âges respectifs des époux dans le mariage* (1).

3° *Ses écrits et articles détachés.* — Villermé collabora à de nombreuses revues et journaux d'économie politique, d'hygiène et de médecine.

Il faut citer avant tout : sa collaboration aux *Annales d'Hygiène* qu'il avait fondées en 1829. Puis, au *Grand Dictionnaire des Sciences médicales,* au *Journal des Économistes,* aux *Archives générales de Médecine* et enfin ses *Mémoires à l'Académie des Sciences morales et politiques.*

4° *Distinctions honorifiques.* — « Villermé aimait la science pour elle-même, nous dit Guérard, et modeste par goût et par caractère, les distinctions sont venues le trouver » (2).

En 1814, il était fait chevalier de l'Ordre de la Réunion, chevalier de la Légion d'Honneur en 1833 et Officier en 1856; il était en 1847, promu Chevalier de l'Ordre de Saint-Maurice et Saint-Lazare.

Il était membre de la plupart des Sociétés savantes : Membre de l'Académie de Médecine en 1823; il faisait,

(1) Guérard, *Les Annales d'Hygiène,* année 1864, tome 21, p. 164.
(2) Guérard, *ibid,* page 171.

de 1831 à 1836, partie du Conseil de Salubrité, dont il démissionnait pour être nommé en 1846, membre du Comité des documents historiques et du Comité d'Hygiène. Mais, en 1856, il devait se retirer de ce dernier Comité, pour se livrer plus complètement à ses travaux. Quand l'Académie des Sciences morales et politiques fut reconstituée en 1832, Villermé avait été choisi un des premiers, et il faisait partie de cette Assemblée, qu'il devait présider en 1849, comme membre de la section de statistique, puis en dernier lieu, de la section de morale.

Malgré toutes ces distinctions, n'ayant aucune prétention à la popularité, il est resté peu connu du peuple qu'il avait toujours défendu. Souvent même il avait décliné des fonctions publiques pour garder sa liberté de jugement (1).

S'il nous est permis de résumer en un mot l'existence de cet homme de bien, nous pouvons dire que toute sa vie : savant, époux et père, il fût toujours et avant tout « homme de devoir » (2).

§ II. — LE SAVANT. — SA MÉTHODE.

L'Industrie avait fait d'énormes progrès. Les machines avaient produit un changement considérable dans

(1) Biographie Michaud, tome 43, page 496.
(2) Guérard, *Annales d'Hygiène*, année 1864, tome 21, p. 178.

la fabrication et la main d'œuvre. Les principes libéraux de l'Ecole, la libre concurrence, tout cela avait été une cause de perturbation pour la classe ouvrière et de nombreux maux s'étaient abattus sur les travailleurs.

Villermé persuadé alors qu'il était, du devoir de chacun de travailler au bonheur de tous se mit à l'œuvre dans l'intérêt de ses semblables, cherchant à les faire profiter de toutes les investigations de la science.

Il voulut être le patron des malheureux et des ouvriers. Il se voua au moyen d'améliorer leur situation matérielle et morale, défendant leurs droits et reconnaissant leurs torts (1), quelquefois avec une brusque franchise des plus piquantes.

« Faire le bien pour le bien », tel était son seul but; peu lui importait que ceux qu'il avait servis ne sussent d'où leur venait ces bienfaits, et que d'autres même, tirassent profit de ses découvertes.

I. *Villermé innovateur*. — La méthode de Villermé peut se résumér en disant que, le premier, « il appliqua aux questions d'Hygiène et d'Economie politique, les documents de la statistique » (2). Il fut donc un promoteur, un innovateur.

II. *Villermé réaliste*. — Villermé se mettait à la recherche de faits, se servant de lambeaux de renseignements pris un peu partout, dans les archives éparses

(1) Guérard, *Annales d'Hygiène*, année 1864, tome 21, p. 172.
(2) Béclard, *Gazette des Hôpitaux*, 14 décembre 1865, p. 582.

et incomplètes de l'administration et des particuliers. Ces renseignements il les corroborait, les complétait avec ce que pouvait lui fournir sa propre expérience. Son instrument de recherche, il se l'était lui-même créé (1), mais au prix de quelles recherches, de quelles investigations, de quelles démarches ! Peu lui importait sa peine, si les matériaux recueillis avec une rigueur scrupuleuse pouvaient lui servir à l'établissement de bases solides au profit de ses préférés : les ouvriers, les petits, les humbles !

Une fois ses observations recueillies, il posait des chiffres, et des chiffres « de quelle éloquence » (2). C'était le statisticien scrupuleux, impartial, mais prudent et plein de réserve dans les applications de la science. « Redoutant les changements subits et craignant de compromettre par trop de vivacité les acquisitions sociales déjà faites, il mesurait sagement aux institutions, ses propositions de réforme » (3).

III. *Villermé statisticien.* — Une fois ses chiffres posés, et chiffres obtenus avec quelle honnêteté —(références sur le jour, le lieu, la date exacte), il appropriait les données scientifiques ainsi obtenues, aux institutions, aux hommes et aux choses.

C'était une statistique qu'il avait établie solidement

(1) Béclard, *Gazette des Hôpitaux*, 14 décembre 1865, p. 582.
(2) Béclard, *ibid.*, p. 582.
(3) Béclard, *ibid.*, p. 584.

et dont il allait appliquer les principes à l'Hygiène et à l'Economie politique.

Le fait étant démontré, la loi posée, aucune considération ne l'arrêtait plus pour faire aboutir la réforme. Sa manière était toujours simple, nette, sans effets d'emprunts, sans exagération, mais aussi sans faiblesse. Ce qui lui paraissait juste, rien ne l'empêchait d'en poursuivre l'exécution. D'abord plein de scrupules, exprimant franchement ses doutes s'il en avait avant d'aboutir, il devenait ensuite tenace, intransigeant, quand il croyait avoir acquis une certitude.

Aussi Guérard pouvait-il affirmer que ses publications étaient accueillies avec une confiance aveugle, car on savait comment il avait procédé dans ses investigations(1).

Faire d'arides statistiques, si intéressantes pussent-elles être, cela ne pouvait guère servir au genre humain. Mais après avoir parfaitement établi ces statistiques, avoir su les appliquer à des sciences telles que l'Hygiène et l'Economie politique, c'était ouvrir une voie nouvelle inconnue jusqu'ici, et que Villermé offrait à la science française !

IV. *Villermé médecin.* —Sa science médicale lui avait servi, et dans le domaine des recherches qu'il avait faites, notamment celles sur la santé publique, rien ne lui avait été plus utile. Qu'avait-il été en effet ? Le médecin, non d'un individu, mais d'un être collectif

(1) Guérard. *Annales d'Hygiène*, 1864, tome 21, page 167.

appelé « la Société ». Et pour faire connaître la cause des misères de la société, il avait d'abord dû apprendre celles des misères individuelles (1).

Il ne s'était pas acquis la renommée d'un savant professeur, d'un distingué clinicien, mais son nom a droit au plus grand honneur, car, médecin du corps social « il a, le premier, transporté le problème économique dans le domaine de l'hygiène publique et ouvert à la science des perspectives nouvelles » (2).

V. *Villermé promoteur de la loi de 1841.* — Nous avons dit avec quelle conscience scrupuleuse, Villermé avait fait son enquête de 1835. Entrant dans la vie de l'ouvrier, partageant avec lui ses peines et ses plaisirs, il avait appris à connaître parfaitement les maux dont il souffrait. C'était un vrai modèle de méthode d'observation, que cette enquête. Ecoutons-le nous raconter lui-même comment il a procédé. « J'ai, dit-il, suivi l'ouvrier depuis son atelier jusqu'à sa demeure, j'y suis entré avec lui, je l'ai étudié au sein de sa famille ; j'ai assisté à ses repas, j'ai fait plus : je l'avais vu dans ses travaux et dans son ménage, j'ai voulu le voir dans ses plaisirs... (3) ».

Et, de tout ce qu'il a vu, ce qui l'a le plus attristé, c'est assurément la trop longue durée du travail des enfants dans les manufactures. Il insiste particulière-

(1) *Gazette des Hôpitaux*, 14 décembre 1865.
(2) *Ibid.*
(3) Villermé, *Tableau de l'état physique et moral*, tome I, Introduction.

ment sur ce point dans son rapport qu'on eut l'occasion de citer souvent pendant les discussions parlementaires qui précédèrent la loi de 1841.

La loi n'est-elle pas la conclusion même de son livre qui porte fermement que si les efforts individuels sont impuissants à protéger l'enfant, c'est à la société qu'il appartient par une loi, d'assumer cette noble tâche! Aussi, Béclard peut-il déclarer hautement « que cette loi de compassion et d'humanité est véritablement son œuvre »! (1)

D'ailleurs Villermé fut un réformiste, mais un réformiste heureux, car il eut la grande joie de voir, de son vivant même, nombre de modifications préconisées par lui, entrer — grâce à l'ascendant qu'il avait sur le monde qui pense — dans le domaine de l'application.

VI. *Villermé écrivain.* — Son style semblait le reflet de sa physionomie, tendre, distingué et précis, élégant sans recherche ni apprêt, mais souvent avec une pointe de bonhommie. Ses apitoiements sincères et touchants réflétaient la bienveillance de son âme et de son visage. Toutefois, une pointe de malice et souvent un peu de brusquerie de brave homme donnaient à ses écrits une saveur toute particulière.

Modeste dans ses écrits comme dans sa vie privée, il avait su se conquérir tous les cœurs et toutes les amitiés; il fut charmant écrivain, grand savant et parfait honnête homme.

(1) Béclard, *Gazette des Hôpitaux*, 14 décembre 1865, page 583.

§ III. — SES DEUX PRINCIPAUX OUVRAGES ÉCONOMIQUES.

Deux ouvrages de Villermé méritent une mention spéciale au point de vue économique, et ce sont eux qui nous indiqueront le plus parfaitement quels étaient ses projets de réforme et quel est au juste le degré de son intervention.

Nous allons étudier spécialement : *Le tableau de l'état physique et moral des ouvriers employés dans les manufactures de coton, de laine et de soie* (1) », et enfin son livre : « *Des Associations ouvrières* ».

I. *A quel propos il écrivit le « Tableau de l'état physique et moral des ouvriers* ». — La souffrance des ouvriers, au moment où Villermé fut chargé de son enquête, était générale.

L'abus du travail imposé aux enfants employés dans les manufactures, les tuait physiquement et moralement. De toutes parts, des plaintes et des récriminations s'élevaient à ce sujet.

C'était une belle tâche que de rechercher les causes de cet état de choses et de tenter d'y remédier. L'Académie des Sciences morales et politiques comprit son

(1) Villermé, *Tableau de l'état physique et moral des ouvriers employés dans les manufactures de coton, de laine et de soie*, Paris, 1840.

devoir et chargea d'une enquête approfondie sur la matière deux de ses membres : Benoiston de Châteauneuf et Villermé. Ils se partagèrent la tâche et la partie qui échut à Villermé fut le rapport sur les départements qui travaillaient surtout le coton, la laine et la soie. Villermé s'acquitta de sa tâche avec une telle conscience qu'il put écrire un livre-rapport qui, dit Trélat, « est indispensable à quiconque veut aborder et approfondir l'examen de l'organisation du travail » (1).

Le rapport de Villermé comprend deux tomes : le premier est purement descriptif, il sert d'introduction au deuxième qui comprend toutes les propositions de réforme qu'il préconise et qu'il tire des faits exposés dans le premier.

Dans le premier volume, après s'être occupé de ce qui a trait à la fabrication du coton, de la laine et de la soie, il passe en revue toutes les villes manufacturières qu'il a visitées. C'est une introduction, un simple exposé.

Le deuxième volume est le seul intéressant car c'est lui qui nous indique ses vues sur toutes ces questions, les remèdes et améliorations qu'il désire voir aboutir, en ce qui touche le logement, le vêtement, la nourriture, le salaire et les dépenses de l'ouvrier.

II. *Exposé des souffrances de la classe ouvrière.* — Sur certains points il insiste particulièrement.

(1) Trélat, *Annales d'Hygiène*, 1840, tome 24, page 455.

(a). Les salaires. — Ils sont dérisoires dans bien des cas et c'est à peine si la femme est suffisamment rétribuée pour subsister et si l'enfant au-dessous de 12 ans gagne sa nourriture (1).

Dans certaines contrées, adonnées à l'industrie textile, les salaires sont encore amoindris par la concurrence que les tisserands agricoles font en hiver, aux tisserands à l'année (2).

Un autre errement cause aussi une grande perturbation dans le taux des salaires ; c'est l'abus des avances d'argent faites sur les salaires des ouvriers et inscrites au livret. L'ouvrier ne peut être reçu nulle part sans livret ; or, le maître a droit de garder tout livret d'ouvrier sur lequel figure la mention d'avances faites, tant que ces avances ne lui ont pas été réglées soit en travail soit en nature. C'est la perte de la liberté, c'est l'ouvrier mis de la façon la plus fâcheuse, à la merci du patron, obligé, si celui-ci veut abuser de la situation, de passer par toutes ses exigences (3).

(b). Les mœurs. — Villermé trouve que tout n'est pas pour le mieux au point de vue des mœurs de la classe ouvrière, mœurs surtout relâchées dans les villes, et cela au dire de certaines personnes, parce que le taux des salaires y est plus élevé qu'ailleurs (4)!

(1) Villermé, *Etat physique et moral*, tome II, page 13.
(2) Villermé, *ibid.*, page 24.
(3) Villermé, *ibid.*, page 127.
(4) Villermé, *ibid.*, page 24.

Malheureusement, les maîtres ne veillent pas assez à la conduite de leurs ouvriers, ils ne luttent pas contre l'ivrognerie, et certains même, ont été jusqu'à affirmer à Villermé, qu'ils recueilleraient dans leurs ateliers les travailleurs ivrognes qui seraient renvoyés des autres (1). Et dans quel but ? Pour qu'aucun d'eux, ont avoué ces maîtres coupables « ne puisse sortir de sa condition » (2) ! Quoi de plus triste que de voir tous ces maîtres de manufactures ne s'occuper nullement, ni des mœurs, ni des sentiments, ni du sort de leurs ouvriers, et ne les regarder que comme « de simples machines à produire » (3) !

(c) Durée trop longue du travail dans les manufactures. — Il y a quelques manufactures, la minorité heureusement, où l'on travaille pendant 24 heures. « Les durées paraissent bien longues, dit-il, je pourrais dire excessives, et d'autant plus, qu'elles sont semblables pour tous les ouvriers, n'importe leur âge. Quelque triste que soit la condition de ceux-ci (des adultes), celle des enfants..... doit surtout nous émouvoir » (4).

Nous apprenons par lui que le salaire des enfants varie entre 25 et 75 centimes et que le travail de nuit ne leur est même pas épargné, ce qui est pour eux une cause de grande démoralisation.

(1) Villermé, *Etat physique et moral*, tome II, page 41.
(2) Villermé, *ibid.*, page 75.
(3) Villermé, *ibid.*, page 55.
(4) Villermé, *ibid.*, page 86.

Indépendants et désordonnés, leur instruction est nulle, et admis à l'atelier quelquefois à l'âge de six ans, souvent avant 10 ou 11 ans, ils arrivent à cet âge sans savoir encore ni lire ni écrire (1).

Au résumé, arrêt complet du développement physique par un travail au-dessus de leurs forces, développement intellectuel absolument négligé et surtout éducation morale pervertie ou plutôt jamais enseignée à leurs jeunes cœurs.

Ne va-t-on pas dans certains ateliers, c'est Villermé qui nous le révèle, jusqu'à frapper les enfants et à faire leur apprentissage à force de coups (2).

A tous ces maux, il faut des remèdes, voyons ceux que Villermé nous propose :

III. *Réformes interventionnistes. — Opportunité d'une loi.*

(*d*) Pour les enfants. — Le Gouvernement doit intervenir en leur faveur dans une mesure que Villermé va indiquer sous forme de questions et de réponses :

1re Question : Depuis quel âge les enfants seront-ils reçus dans les fabriques ?

Réponse : Depuis 9 ans, pourvu qu'ils aient justifié d'assuidité à l'école pendant 3 ans (3).

(1) Villermé, *Etat physique et moral*, tome II, page 112.
(2) Villermé, *ibid.*, pages 112 et 113.
(3) Villermé, *ibid.*, page 112.

2e Question : La durée du travail sera-t-elle graduée suivant l'âge ?

Réponse : Il est difficile de répondre, car les travaux se commandent les uns les autres. Ce sera une question d'espèces. Toutefois, presque partout est demandée l'interdiction du travail du dimanche (1).

3e Question : Leurs forces physiques devront-elles être en rapport avec l'âge, et leur constitution reconnue bonne et capable de supporter les fatigues de l'atelier ?

Réponse : C'est inutile, car le maître a intérêt à n'employer que des enfants assez faits. Toutefois on demande dans beaucoup de centres manufacturiers, le certificat médical.

4e Question : A quel âge l'adolescent (2) pourra-t-il s'engager par lui ou par ses parents ou tuteur ?

Réponse : L'âge le plus généralement proposé est 15 ans, et encore avec consentement (3).

5e Question : Les veillées seront-elles interdites aux enfants et aux adolescents ?

Réponse : Oui, pour leur santé, leur moralité et leur instruction (4).

6e Question : Les enfants seront-ils astreints à suivre les écoles.

(1) Villermé, *Etat physique et moral*, tome II, page 119.
(2) Villermé, *ibid.*, page 120.
(3) Villermé, *ibid.*, page 120.
(4) Villermé, *ibid.*, page 120.

Réponse : Oui. L'enfant n'entrera pas à l'atelier avant neuf ans A cet âge, il devra savoir lire et écrire, et jusqu'à 13 ans, pendant une ou deux heures par jour, ainsi que le dimanche, il devra fréquenter l'école (1).

Tels sont les points sur lesquels les Chambres de commerce ont été interrogées ; telles sont les réponses qu'elles ont faites au Ministre du Commerce. Villermé est pleinement de leur avis et les réponses qu'elles ont fournies sont celles que lui-même avait données. Il faut que l'instruction primaire soit générale.

Il s'explique de plus, sur le système des relais, qu'il préconise pour répondre à cet argument qu'on pourrait produire et qui est de s'opposer à la limitation du travail de l'enfant comme portant atteinte au travail de l'adulte, puisque dans bien des cas le travail de l'un et de l'autre se commandent (2) ; avec le système des relais, cet inconvénient n'est plus à craindre.

Il faut absolument intervenir, dit Villermé en concluant, il faut faire une loi et « ne pas attendre d'amélioration du cours des choses abandonnées à elles-mêmes » (3).

IV. *Réformes d'un ordre moral.* — Les mœurs sont déplorables dans les ateliers et les manufactures, et la faute en est principalement au mélange des sexes. Mais une telle opposition et une si grande perturbat i o n

(1) Villermé, *Etat physique et moral*, tome II, page 121.
(2) Villermé, *ibid.*, page 123.
(3) Villermé, *ibid.*, page 363.

traient d'une réforme sur ce point, qu'il préfère y renoncer pour le moment (1).

Toutefois, de grandes améliorations sont à tenter et elles ne peuvent venir que de la bonne volonté des patrons. C'est sur leur concours général, l'entente de tous les patrons d'une localité qu'il fonderait le plus d'espérance pour réaliser des progrès et surtout enrayer les habitudes d'ivrognerie (2).

Le repos du dimanche généralisé et l'organisation par les patrons de divertissements sains et intéressants, ce jour-là, contribueraient aussi au relèvement moral de la classe ouvrière (3).

V. *Réformes libérales.*—*Les salaires.*—Villermé croit que le taux des salaires pourrait, sans être élevé, permettre plus facilement la vie à l'ouvrier, si on abolissait les prohibitions qui existent encore.

La viande serait pour le travailleur à meilleur marché et il pourrait plus aisément s'en fournir pour lui et les siens (4).

L'abaissement du prix du pain serait aussi un grand bienfait dans la condition de l'ouvrier, car l'augmentation du pain se trouve prélevé en définitive sur le salaire de toutes les classes ouvrières (5).

(1) Villermé, *Etat physique et moral*, tome II, page 355.
(2) Villermé. *ibid.*, page 41.
(3) Villermé, *ibid.*, page 68.
(4) Villermé, *ibid.*, cité par Trélat *Annales d'hygiène* 1840, tome 24, page 470.
(5) *Etat physique et moral*, tome II, page 20.

On le voit, Villermé n'est guère homme de principes; que les réformes à faire soient des réformes de liberté et d'intervention, pourvu qu'elles soient bonnes, ça lui lui suffit et il les réclame.

Un grand bienfait naîtrait aussi, pour la classe ouvrière, d'associations bien comprises. Il en parle dans son « Tableau de l'état physique et moral des ouvriers »; mais comme elles doivent faire le sujet d'un ouvrages spécial, nous les verrons en étudiant son livre sur les associations ouvrières.

§ IV. — DES ASSOCIATIONS OUVRIÈRES (1).

I. *Villermé et les associations en 1840.* -- C'est en 1840 que Villermé avait écrit son « Tableau de l'état physique et moral des ouvriers. » C'est en 1848, au lendemain de la Révolution, qu'il écrivait ses « Associations ouvrières ».

Sans être différentes dans leur ensemble, ses idées se sont modifiées entre ces deux dates.

Plein d'espoir dans les bienfaits de l'association en 1840, c'est avec une pointe de découragement et de scepticisme qu'il conclut en 1848.

La généreuse impulsion de 1840 qui lui faisait faire le plus grand éloge de la tentative de Fourier, s'est bien ralentie quand il écrit les «Associations ouvrières».

Entendons-le dans son « Tableau de l'état physique et moral ».

(1) Villermé, *Des Associations ouvrières*, Paris 1849.

« L'insuccès de Fourier ne prouve rien contre son système. Pourquoi, en effet, quelques réunions phalanstériennes ne réussiraient-elles pas, comme ont réussi et comme pourront encore réussir d'autres communautés ouvrières, si elles étaient bien composées, et dirigées par des hommes habiles ?...

« Sous le rapport de l'économie, cependant, leur avantage ne saurait être douteux, il en coûtera toujours moins cher, par exemple, pour nourrir, vêtir et chauffer des centaines d'individus réunis dans une seule maison, achetant en gros... etc... (1) ».

A des ouvriers d'une filature qui, pris isolément, n'arrivent pas à subvenir à leurs besoins, il préconise l'association et le partage du salaire « dans la proportion des besoins de chacun et la vie en commun » ; quel avantage pour les ouvriers (2) !

Mais c'est seulement l'association pour vivre qui lui paraît profitable à l'ouvrier et non l'association pour fabriquer, produire et vendre les produits de fabriques communes (3). Dans quelques cas, cela pourrait être excellent, mais croire que ces associations pourraient s'établir « partout », « devenir générales » (4) lui paraît une illusion. Ne verrait-on pas d'ailleurs, bientôt les membres « les plus habiles de ces associations, deve-

(1) Villermé, *Etat physique et moral*, tome II, page 331.
(2) Villermé, *ibid.*, pages 17 et 18.
(3) Villermé, *ibid.*, page 327.
(4) Villermé, *ibid.*, page 331.

nant les meneurs des autres, finir par remplacer les fabricants ». (1).

Encore une fois, c'est contre les exagérations qu'il veut lutter et il supplie, que l'on infère pas des faits qu'il a exposés qu'il ait voulu attaquer les associations industrielles entre ouvriers.

Quelques ouvriers, actifs, intelligents, ayant confiance les uns dans les autres et possédant déjà un petit capital mis en commun, « pourraient fort bien ouvrir des ateliers où ils travailleraient d'abord comme ouvriers avec leurs familles, où ils appelleraient, la fortune les secondant, d'autres ouvriers admis aux mêmes conditions que dans les manufactures » (2).

La conclusion de Villermé est donc un mot d'espoir et de confiance, non seulement dans la réussite possible de quelques associations d'ouvriers pour vivre en commun, mais même dans des cas tout à fait particuliers pour produire en commun à la manière des phalanstériens.

II. *Villermé et les associations après 1848.* — (*a*) Villermé bien libéral.

Traitant de l'état successif des classes ouvrières en France, Villermé est d'avis que cet état s'est sans cesse amélioré par le plus grand bienfait de la Révolution de 1789. La suppression des anciennes maîtrises et corporations d'arts et métiers, mauvaises pour l'industrie en

(1) Villermé, *Etat physique et moral*, tome II, page 338.
(2) Villermé, *ibid.*, page 337.

général et pour les ouvriers, ont été pour le plus grand bien de tous, balayées par la Révolution.

La liberté absolue du travail a, certes, ses inconvénients, mais c'est se les exagérer singulièrement que de prétendre qu'ils sont plus grands que les bénéfices retirés.

Les théories qui veulent battre en brèche cette liberté du travail sont préconisées par des hommes qui ne connaissent malheureusement pas suffisamment les lois économiques.

Mais ce n'est pas sur ces points, pas plus que sur les théories nouvelles du droit au travail, de la limitation de sa durée, de l'abolition du marchandage et des ateliers nationaux que va porter sa discussion, mais bien sur les associations ouvrières, sujet particulièrement controversé pendant la période qui vient de s'écouler (1).

(*b*) Les associations ouvrières sans réussite possible. — Les associations, dit Villermé, sur lesquelles les discussions ont le plus porté, sont des associations « auxquelles l'Etat fournirait les ateliers, les matières premières, les capitaux, enfin tous les instruments du travail et donnerait sa clientèle » (2).

Ce sont celles-là qu'il faut examiner. De pareilles associations créeraient, à son avis, un monopole au profit des ouvriers des villes et au détriment des ouvriers ruraux ou isolés qui ne pourraient en faire partie.

(1) Villermé, *Associations ouvrières*, p. 13.
(2) Villermé, *ibid.*, p. 18.

Et puis, de pareilles associations pourraient-elles exploiter en commun une manufacture ?

Ce n'est pas l'avis de Thiers, Bugeaud, Fix, Léon Faucher, Rossi et même de Sismondi, qui croit que pour qu'une industrie soit prospère, ce n'est pas « par les efforts de tous les intéressés réunis, mais bien par l'intérêt individuel (1) » qu'elle doit être actionnée.

Ce n'est pas, non plus, l'avis fourni par l'enquête auprès des fabricants, même de ceux qui portent le plus d'intérêt à leurs ouvriers.

Des entreprises extrêmement peu compliquées et de courte durée (terrassements, défrichements, par exemple) pourraient, à la rigueur, réussir (2).

D'autres n'auraient aucune chance.

Exception doit être faite cependant pour « l'association des bijoutiers qui, formée en 1834, a constamment prospéré » (3). Cet exemple est unique.

Quelles sont les règles de ce genre d'association que beaucoup proposent, comme devant être mise en pratique dans la plupart des industries ? Les voici :

Les ouvriers de chaque corps d'état « sont associés non tous ensemble, mais en groupes distincts » (4). « Ces groupes sont complètement séparés d'intérêts, et chacun d'eux élit un gérant, chargé du soin de ses

(1) Villermé, *Associations ouvrières*, page 22.
(2) Villermé, *ibid.*, page 22.
(3) Villermé, *ibid.*, page 49.
(4) Villermé, *ibid.*, page 48.

affaires et partageant tous les ans les bénéfices entre ses membres, proportionnellement aux salaires gagnés. Un capital inaliénable, impartageable, une durée illimitée et l'admission successive de nouveaux sociétaires, telles sont encore les bases regardées par eux comme les plus utiles à ces associations et comme pouvant conduire ceux qui en font partie à remplacer rapidement les patrons sans spolier personne » (2).

(c) Les associations ouvrières qui ne sont pas les associations ouvrières proprement dites. — Telles sont les véritables associations ouvrières, telles que les préconisent certains auteurs et qui, de l'avis de Villermé, ne peuvent vivre, exception faite de certaines entreprises très simples et sans grande mise de fonds, comme celle des cuisiniers (3) et l'association des bijoutiers, qui ont parfaitement réussi. Mais, avec elles, il ne faut pas confondre certaines autres associations comme « celles entre les salariés et les maîtres (1), qui ne profitent guère aux ouvriers pour qui les bénéfices seront bien minimes quand on aura payé les intérêts des capitaux engagés. Toutefois, ce genre d'association n'est pas mauvais « et c'est celui qui offre le plus de chances de durée » (4). Mais il n'est pas la vraie association ouvrière, car il n'y a association que quand « les droits et

(1) Villermé, *Associations ouvrières*, page 49.
(2) Villermé, *ibid.*, page 58.
(3) Villermé, *ibid.*, page 30.
(4) Villermé, *ibid.*, page 90.

les obligations étant les mêmes, tous parcipent aux pertes et aux gains » (1).

Avec elle, il ne faut pas confondre non plus les associations purement de consommation entre les ouvriers ; dans ces associations, les ouvriers ne courent aucun risque. C'est simplement une entente dans un but d'économie.

d) Raisons qui font que les associations d'ouvriers et de maitres ne peuvent réussir —Elles ne doivent pas réussir car les ouvriers qui seraient exposés aux pertes et qui « auraient besoin chaque jour de leur salaire pour vivre, ne pourraient être soumis à de telles éventualités » (2). Voudraient-ils que, sans renoncer à leur salaire fixe, sans exposer de capital, ils pussent partager avec des entrepreneurs certains bénéfices, mais que ces derniers supportassent seuls les pertes ? Et dans ces conditions, quel capitaliste voudrait bien avancer une mise de fonds (3) ?

C'est aussi le désir, non seulement de partager des bénéfices, mais aussi de ne plus être des subordonnés qui les incite à réclamer de pareilles choses. Est-ce possible ? Non, et « l'impossibilité de supprimer les chefs est évidente » (4).

Nous l'avons dit, la seule association équitable pour Villermé est celle conclue entre les maîtres et ouvriers,

(1) Villermé, *Associations ouvrières*, page 32.
(4) Villermé, *ibid.* page 32.
(5) Villermé, *ibid.* page 32 et 33.
(6) Villermé, *ibid.* p. 35.

celle où le maître partage, non pas tous les bénéfices, mais seulement une partie de ces bénéfices. Les maîtres ont dû, en effet, retirer d'abord la part représentative de leur capital et une part correspondant aux risques et pertes qu'ils ont couru et peuvent courir encore.

(*e*) Raisons qui font que les associations d'ouvriers proprement dites, ne peuvent réussir. — La première des raisons est analogue à celle que nous venons de donner à propos des associations entre maîtres et ouvriers.

Les ouvriers voudront-ils élire des ouvriers gérants de l'association ? N'y aura-t-il pas à craindre que ces gérants ne deviennent à leur tour des maîtres ou entrepreneurs, « qui se substitueraient à l'association primitive » (1) ?

L'association des ouvriers entre eux n'a donc aucune chance de se constituer ou de pouvoir vivre.

(*f*) L'association possible d'après Villermé. — Il ne nie nullement la possibilité et l'utilité des associations ouvrières. Mais il faut déterminer les conditions qui rendent possibles ces associations, et c'est faute d'avoir examiné ces conditions que la plupart des associations formées grâce aux trois millions distribués par le gouvernement provisoire, ont complètement avorté.

Il faudra d'abord essayer de ne pas les appliquer à tous les corps d'état ni à tous les ouvriers, sans quoi l'association ne serait autre que le refuge des ouvriers

(1) Villermé, *Associations ouvrières*, page 36.

qui ne réussissent nulle part (1). Puis il faudra admettre que les bons ouvriers, dans les associations de travailleurs, pourront devenir patrons au bout d'un certain temps (2).

Enfin, il est indispensable que les ouvriers associés aient la chance, au début, de ne pas subir des pertes assez grosses pour les abattre immédiatement, et de plus de ne pas avoir, pour commencer, besoin de trop gros capitaux (3).

Auront, en outre, plus de chances de réussir, celles qui seront faites de peu d'ouvriers, s'occupant d'un métier où il y a peu de concurrence ; une association de quinze ouvriers « formiers » a parfaitement réussi à Paris (4).

Il sera bon que les ouvriers renoncent aux associations dites fraternelles, qui admettent « l'unité de salaires, » cette condition n'encourageant personne à mieux faire que les autres (5). En dernier lieu, il faudra que les ouvriers associés se résignent à accorder assez d'autorité d'indépendance et de stabilité à leurs gérants (6).

Ces conditions étant bien observées et surtout un élan favorable ayant donné à quelques-unes d'entre elles, une bienfaisante impulsion lors de la révolution de Février,

(1-2) Villermé, *Associations ouvrières*, page 93.
(3) Villermé, *ibid.* page 93.
(4) Villermé, *ibid.* page 95.
(5) Villermé, *ibid.* page 93.
(6) Villermé, *ibid.* page 93.

un certain nombre d'associations subsisteront, « ce dont il faut se féliciter » (1).

Il faut s'en réjouir, car l'association est un principe excellent « de force, d'économie et de succès » (2).

Mais, une fois encore, et c'est la conclusion de Villermé, il ne faut pas s'exagérer les chances de réussite ni écrire que les associations se substitueront jamais à l'industrie privée, ni lui créeront jamais une sérieuse concurrence (3).

N'est-ce pas enfin le cri du cœur d'un pur libéral que ce dernier mot : « Il n'y a que la libre concurrence pour faire le progrès industriel de la France ! » (4).

La Révolution de 1848, venait de troubler profondément la France. Il nous semble que les idées de Villermé s'étaient quelque peu modifiées ou plutôt atténuées sur les bienfaits de l'association. En 1840, il paraissait moins timoré, le cœur plus rempli d'espoir !

§ V. — CONCLUSION.

Villermé est donc resté un fervent libéral et ses idées sur la libre concurrence et le bienfait de l'abolition de toutes les prohibitions, idées, que nous avons notées au passage, ne laissent aucun doute à cet égard.

(1) Villermé, *Associations ouvrières*, page 90.
(2) Villermé, *ibid.* page 90.
(3 et 4) Villermé, *ibid.* page 95.

Mais, il est aussi partisan de mesures interventionnistes.

Il demande une loi en faveur des enfants et des adolescents, réglant la durée du travail dans les manufactures. Pour les adultes aussi, il trouve le travail trop long (24 heures dans quelques manufactures), mais il n'ose demander à l'Etat d'intervenir (1).

Enfin, en 1840, nous le voyons aller plus loin dans la voie de l'association entre ouvriers, assez hardi pour trouver possibles et fort bien pensées, les tentatives fouriéristes. Il n'hésite pas à préconiser jusqu'à un certain point les associations ouvrières conçues sur le même type (2).

Il est vrai de dire qu'en 1848, probablement effrayé par l'effet de pareilles idées sur la masse populaire, il se montre plus sceptique. Mais la semence qu'il a jetée n'en est pas moins là, préparant la récolte à d'autres esprits, qui se montreront, il faut le croire, un peu plus avancés dans la voie de l'intervention ouvrière !

(1) Villermé, *Etat physique et moral*, tome II, page 86.
(2) Villermé, *ibid.*, page 337.

CHAPITRE III.

BLANQUI (Jérôme-Adolphe).

---

§ 1er. — ESQUISSE BIOGRAPHIQUE (1). — SES ŒUVRES.

I. *Ses débuts.* — Blanqui naquit à Nice le 21 novembre 1798 et mourut à Paris le 28 janvier 1854.

Tout jeune, à l'âge de 16 ans, il vint à Paris où il continua de brillantes études commencées dans sa ville natale.

Son père ne pouvant subvenir complètement à ses besoins, chargé qu'il était de dix autres enfants, dont il était l'aîné, Blanqui dut s'occuper de trouver une occupation qui lui permît de vivre.

C'est alors qu'il entra comme répétiteur d'humanités à l'institution Massin, où il fit la connaissance de J.-B. Say, qui le mit au courant des premiers principes

(1) Guérard, *La Littérature française*, pages 606 et suivantes (116-1). — L. Say, *Dictionnaire d'Économie politique*, Coquelin et Guillaumin, *Dictionnaire d'Économie politique*. — Biographie Didot, Tome VI.

de l'Économie politique, en compensation des leçons qu'il donnait à son propre fils.

Il trouvait encore le temps d'étudier plusieurs langues, la chimie, et même de commencer sa médecine, qu'il se proposait bien d'achever par la suite.

La connaissance qu'il avait faite de J.-B. Say, devait avoir la plus haute influence sur sa destinée. « En effet, nous dit Guérard, J.-B. Say, frappé de la justesse de ses idées et de l'extrême facilité qu'il avait à s'assimiler toutes choses » (1) vit en lui un disciple possible, plein d'entrain et de zèle.

J.-B. Say ne se leurrait pas sur son élève, car le jeune Blanqui, ardent et travailleur, s'intéressa fortement à cette science économique dont, quelques années avant, il soupçonnait à peine l'existence.

Dès l'année 1824, il faisait un voyage dont il publiait la relation sous le titre de « Voyage d'un jeune français en Angleterre et en Ecosse » (1824).

Ce fut ce voyage, trouvé un peu long par le chef d'institution, Massin, qui amena une rupture et décida notre économiste à abandonner définitivement l'enseignement classique pour s'adonner tout entier à l'Economie politique.

Le récit de ce voyage, plus littéraire que profond, est cependant distrayant, agréablement écrit et « nous fait aimer l'auteur » (2).

(1) Guérard, *La Littérature française*, pages 696 et suivantes (116-1).
(2) Guérard, *ibid.*

II. *Blanqui économiste. — Ses principaux ouvrages.*— Dès l'année 1825, Blanqui faisait un cours public à l'Athénée, sur l'histoire de la civilisation industrielle des nations européennes.

La même année et sur les recommandations de J.-B. Say, il était nommé titulaire de la chaire d'Histoire et d'Économie industrielle à l'Ecole spéciale du Commerce, école dont il devait être nommé directeur en 1830.

Le discours qu'il prononça, le 15 juillet 1825, à l'ouverture de son cours à l'Ecole du Commerce, fut très remarqué et J.-B. Say, en rendant compte dans la *Revue encyclopédique*, le résume en disant : « Le sens général du discours de M. Blanqui est que le bonheur, la civilisation, la véritable gloire sont les fruits de l'industrie, et la barbarie le résultat de l'indolence » (1).

Dès l'année 1826, il avait publié un ouvrage économique « Le Résumé de l'Histoire du Commerce et de l'Industrie », fort bien conçu, et qui fut traduit en plusieurs langues. Cette année-là aussi, il publiait son « Précis élémentaire d'Economie politique » qui reste un ouvrage admirable de vulgarisation de la science économique. En quelques pages précises, nettes, il met le lecteur le moins initié, au courant des règles les plus importantes de l'Economie politique.

Il se montrait d'ailleurs dans cet ouvrage, fervent et fidèle disciple d'Adam Smith et de son maître, J.-B. Say.

(1) J.-B. Say, *Revue Encyclopédique*, 1825, t. 27, p. 835.

C'est encore en 1826 qu'il accomplissait son voyage en Espagne, voyage dont la police arrêta le cours. Ce qu'il nous en rapporte, nous donne une idée parfaite de ce qu'était l'Espagne économique à ce moment. Ce voyage en Espagne et celui qu'il avait fait en 1824 en Angleterre et en Ecosse, ne furent pas les seuls qu'il accomplit, car il parcourut aussi la Suisse, la Belgique, la Hollande, l'Allemagne, et les relations de toutes ces promenades à travers le monde, sont des plus intéressantes.

En 1827, nous avons son *Histoire de l'Exposition des produits de l'industrie francaise.* C'est la réunion d'un certain nombre de ses articles de journaux sur la question. Il ressort de la lecture de cet écrit, qu'il ne croit pas trop aux bienfaits des Expositions, et qu'il y a quelque tort à concentrer tous les modèles des produits de l'industrie en un seul endroit. Quelle facilité en effet pour les copier et les reproduire ensuite ! Il s'insurge enfin contre la trop grande profusion des récompenses accordées à l'occasion de ces Expositions.

Un intéressant discours, signé de son nom, est publié en 1828 : il traite *De la situation actuelle du commerce et de l'industrie en France.* Les usines et les manufactures sont dans la voie du progrès, mais les moyens de communication par route hélas ! bien mauvais.

Quant aux canaux, ils n'existent pour ainsi dire pas.

Nous avons dit qu'il fut mis à la tête de l'Ecole spéciale du commerce, en 1830, et que sous sa direction, cet établissemement reprit un essor nouveau.

C'est de 1833 que date sa nomination à la succession de J.-B. Say dans la chaire d'Économie industrielle au Conservatoire des Arts et Métiers. Cette nomination, avec celle de membre de l'Institut (classe de l'Académie des Sciences morales et politiques) qu'il obtint en 1838, constituent les deux plus hautes distinctions accordées à cet économiste de talent.

Membre du jury central de l'Exposition en 1834, il écrivait et publiait en 1835-1837, le plus important de ses ouvrages économiques, son « Histoire de l'Économie politique en Europe, depuis les anciens, jusqu'à nos jours ». « C'est un bel ouvrage, dit Guérard, bien composé, plein de recherches curieuses, et même à l'usage des gens du monde » (1). Les chapitres en sont pleins de vues nettes, précises, saines, et ne contiennent jamais de « logogriphes à la manière de Ricardo et de son école » (2).

Blanqui se charge, au nom de l'Académie, de diverses missions en Corse, puis en Afrique, en 1839, et enfin en Turquie, où il est reçu avec les honneurs officiels. Le nombre de ses voyages atteint alors le chiffre de 30.

De 1846 à 1848, il représente Bordeaux à la Chambre des Députés, mais son rôle politique reste

(1) Guérard, *La littérature française*, pages 606 et suivantes (116-1).
(2) *Dictionnaire de la Conversation*, 1859, tome III, page 279.

assez effacé — en dehors des commissions, où sa science est appréciée.

C'est en 1849 qu'il écrit un de ses plus intéressants ouvrages, résultat d'un voyage-enquête dont il avait été chargé par l'Académie. Nous avons nommé « La condition des classes ouvrières en France, pendant l'année 1848 ». C'est un des ouvrages les plus intéressants, (sinon le plus intéressant de Blanqui) et nous aurons souvent à nous y reporter.

Nous savons enfin, que pour ne pas paraître accaparer l'enseignement de l'Economie politique en France, il refusa une chaire au Collège de France et qu'il fut en 1851, chargé par l'Académie, du compte-rendu de l'Exposition universelle de Londres.

Blanqui mourut à la besogne le 28 janvier 1854, alors qu'il mettait la dernière main à son travail sur « les populations rurales en France ».

Ce fut un esprit éclairé et un travailleur acharné qui n'employa pas une minute qui ne fût consacrée à la science et à son pays.

III. *Ses écrits et articles détachés.* — En dehors de ses grands ouvrages, Blanqui a beaucoup écrit. Collaborateur de nombreux journaux et revues, on trouve de ses articles épars dans la plupart des publications économiques de l'époque.

En 1825, il collaborait à la Presse périodique dans le *Journal du Commerce*, et au *Courrier français*. Il donna à la même époque, dix articles au journal

Le Producteur, organe des Saint-Simoniens dont il épousa à ce moment, et pendant quelque temps seulement, les principales idées. Il avoua dans la suite qu'il n'en comprenait pas très bien à cette date toute « la portée » (1).

On trouve, vers 1829, quelques articles de lui au *Figaro*, mais ces articles sont plus politiques qu'économiques.

Il fournit, de 1827 à 1829, une collaboration constante à la *Revue encyclopédique*, puis à la rédaction du *Dictionnaire de l'industrie manufacturière, commerciale et agricole* en 1833.

En compagnie de Bères, Fix, Rossi, de Sismondi nous le voyons collaborer, en 1835 et 1836, à la « *Revue mensuelle d'Economie politique* » que Fix avait fondée seul en 1833. En 1838, il donne chez Guillaumin, des articles pour un dictionnaire du commerce et des marchandises.

Enfin en décembre 1854, il est le premier rédacteur du *Journal des Economistes*.

Tels sont les nombreux journaux et revues où il apporta sa collaboration dévouée et éclairée.

§ II. — LE SAVANT. — SA MÉTHODE. — ÉCOLE A LAQUELLE IL CONVIENT DE LE RATTACHER.

I. *Sa méthode scientifique. — Blanqui légèrement réaliste.* — Avec Blanqui, nous nous trouvons en pré-

(1) Blanqui. *Revue mensuelle d'Economie politique*, tome IV-1835 p. 547.

sence d'un véritable économiste. Des règles économiques sont posées, des faits sont étudiés. Comme tous les économistes de « l'École », il prétend user, avant d'aboutir à ses déductions, de la méthode expérimentale et procéder toujours, par l'examen préable des faits. Il ne faut pas s'exagérer le côté expérimental des travaux économiques, de Blanqui, et il nous paraît être pénétré des qualités et des défauts de tous les économistes classiques et ne pas se douter de ce qu'est la véritable méthode inductive soit des économistes du groupe statistique, comme le baron Dupin, soit de l'école allemande contemporaine. Il utilise bien les faits, mais ces faits sont d'un ordre trop général, pas assez nombreux, examinés sans un souci assez grand des lieux, des temps et des circonstances secondaires. Toutefois il y a avec Blanqui un pas vers le réalisme scientifique et cette tendance ressort de trois ordres de faits :

1° Ses voyages. — Nous avons dit qu'il fit en Europe plus de trente voyages qui, de son propre dire, le firent en partie ce qu'il devint. C'est là qu'il étudia sur place les procédés de l'industrie et les principales questions économiques. Il acquit, par eux, « la vérité positive et pratique » (1) qu'on rencontre dans ses ouvrages.

2° Son enquête de 1848. — Cette enquête, qu'il fit en 1848, auprès des classes ouvrières de la France, enquête qui aboutit à la rédaction de son ouvrage sur « les

(1) Quérard, *La littérature française*, pages 606 et suivantes (116-1).

Conditions des Classes ouvrières » et à l'élaboration de desiderata nettement exprimés, dénote aussi d'un esprit qui marche à grand pas dans la voie du réalisme. On sait, par Amédée Thierry, en quelle estime on tenait son enquête quand on l'a entendu dire que « les rapports de Blanqui sont là comme un double monument à l'élévation de son talent et de la sollicitude de l'Académie pour cette étude des classes souffrantes » (1).

3e Son opinion sur la statistique. — Un des premiers enfin il tint en honneur la statistique, en préconisa le développement et n'hésita pas à la qualifier de véritable science. Pour bien connaître, suivant lui, l'avenir de de l'industrie d'un pays, il faut se servir d'une « Statistique générale et d'un examen attentif des résultats qu'elle peut donner » (2). Aussi, a-t-il réuni pour ce faire un grand nombre de chiffres, dont « la recherche lui a été très difficile » (3).

Ce n'est pas jusqu'au titre d'un des chapitres de son coursqu'il n'hésite pas à intituler : « Statistique raisonnée et comparée, etc. » (4). C'est indéniable, Blanqui tenait la science statistique en grand honneur et ce nous est une autre preuve de ses tendances réalistes.

II. *L'Ecole à laquelle il convient de le rattacher.* — Nous pouvons ranger Blanqui parmi les économistes classiques. Dogmatique comme eux, il épouse toutes

(1) Amédée Thierry, *Journal des Economistes*, février 1854, page 308.
(2-3) Blanqui, *Cours d'Economie industrielle*, 1836-37, p. 20.
(4) Blanqui, *ibid.*

leurs idées sur la liberté en matière commerciale. Toutefois, il n'est pas un sectateur de l'école anglaise, dont il attaque la logique impitoyable (1).

Il n'est pas non plus un dissident de l'école de Sismondi, dont il défend la haute humanité et le grand amour pour ceux qui souffrent mais dont il réprouve les conclusions doctrinales. Comme Say, et c'est de ce dernier économiste qu'il se rapproche le plus, il défend la liberté absolue du commerce, mais dans bien des circonstances et particulièrement au point de vue ouvrier, il est moins dogmatique. Il juge plus, avec les faits et les hommes, qu'avec les principes absolus. Il nous semble que Guérard l'a parfaitement classé quand il le range « dans cette classe d'économistes qui voudraient amener la science à des tempéraments plus doux pour les classes ouvrières, trop souvent déshéritées de la juste part de profit due à leurs travaux. »

Il représente la limite de deux grandes époques, repoussant « les utopies de l'avenir et les erreurs du passé. » (2-3). Quant à sa manière, elle tient plus du pratique, de l'anecdotique souvent fort spirituel que du dogmatique à outrance. C'est à différentes reprises, qu'il se plaint de la préférence accordée à l'enseignement universitaire sur l'enseignement pratique, et rien

(1) Quérard, *La littérature française*, pages 606 et suiv. (116-1).
(2) Quérard, *ibid.* p. 606 et suiv. (116-1).
(3) Même opinion Cossa, *Histoires des doctrines économiques*, 1899, Paris, p. 133.

n'est plus piquant que cette saillie (1), à l'Académie, un jour qu'il regrettait que ses collègues ne connussent pas, pour la plupart, comment se préparait la plume d'oie qui leur servait à écrire avec tant de verve et d'esprit.

Mais, ce qui fait le plus d'honneur à l'homme en même temps qu'au savant, c'est, certes, cette si édifiante appréciation de son collègue Dupin lorsqu'il écrit que toujours et en toutes circonstances : « Blanqui avait été du côté de l'humanité. » (2).

III. *Blanqui vulgarisateur de la science économique.— L'écrivain.* — Blanqui fut un puissant vulgarisateur de l'Economie politique en général et de ses idées en particulier.

Son *Histoire de l'Economie politique*, remarquable de clarté d'exposition, pleine de saillies d'esprit est, nous l'avons déjà noté, un ouvrage d'*Economie politique* à l'usage des gens du monde autant que des initiés. Et son *Précis d'Economie politique* avec son *Résumé de l'Histoire du Commerce et de l'Industrie*, de quelle utilité il peut être aux débutants dans cette science si compliquée de l'Economie politique ! Rien d'ardu, rien d'ambigu, dans ce qu'il écrit. Plus de « logogriphes », d'incompréhensibles apophthegmes à la manière de Ricardo ou de Malthus. Toujours intéressant, son récit est varié, spi-

(1) *Dictionnaire de la conversation*, 1859, tome III, p. 280.
(2) Dupin, *Journal des Economistes*, février 1854, p. 310.

rituel, anecdotique, si différent de celui des économistes qui l'avaient devancé, qu'il ne parut pas assez sérieux à la Conférence de Bruxelles, où il avait été envoyé en 1847 pour représenter l'Académie.

Aussi bien, avait-il les qualités de ses défauts, et que si l'on ne pouvait lui faire le reproche d'être jamais obscur, l'économiste Courtois pouvait dire de lui « que charmant écrivain, éloquent orateur...... il ne fut pas aussi profond qu'agréable causeur » (1). Mais Blanqui, qui avait probablement souffert, au début, de l'obscurité des écrits des auteurs anglais étudiés dans sa jeunesse, n'hésitait jamais à peindre toute l'utilité qu'il reconnaissait aux livres clairs, simples, colorés, coulants à la lecture.

Aussi, vante-t-il le livre de Droz, comme très utile au lecteur, car dit-il, M. Droz est « un économiste de l'école expérimentale, un philosophe pratique »... (2).

Cette vulgarisation de l'économie politique, il l'opérait, non seulement dans ses livres, si clairs, si nets, mais aussi dans ses cours, si suivis et si précis malgré le nombre de détails intéressants et variés que lui fournissait sa mémoire riche de faits. Sa nomination, comme professeur, puis comme directeur de cette école du commerce qu'on venait de fonder et qui, dit J. B. Say, « comblait une lacune pour les jeunes gens

(1) A Courtois, *Journal des Economistes*, novembre 1892, page 278.
(2) Blanqui, *Revue Mensuelle d'Economie politique*, 1835, tome 4, p. 555.

entre le collège et la vie vraiment lucrative » (1), servit au plus haut point à l'Économie politique pratique. Dans cette école, on apprenait vraiment le commerce.

Bref, c'était un séduisant orateur au débit facile, vif, animé, sans jamais d'hésitation, ni de trouble. Ses auditeurs l'écoutaient toujours sans ennui. Comme écrivain, c'était un charmeur, à la phrase colorée, spirituelle, pleine de saillies et d'esprit.

Beaucoup de légèreté, de correction et de grâce dans la forme, d'une extrême clarté dans l'exposition des questions, ses discussions se terminaient toujours par des conclusions brèves, empreintes du plus pur bon sens, pleines d'humanité et de cœur. Nous ne pouvons, quant à nous, qu'assigner loyalement et équitablement à Blanqui la place honorable à laquelle il a droit parmi les économistes du XIXe siècle (2).

§ III. — PRINCIPAUX OUVRAGES ET ÉCRITS DE BLANQUI. — « HISTOIRE DE L'ÉCONOMIE POLITIQUE » : SON GRAND OUVRAGE DOGMATIQUE. — IL EST ANTÉRIEUR A 1848.

I. *Introduction.* — La plupart des ouvrages dogmatiques de Blanqui, furent écrits avant 1848. Nous pouvons donc réunir dans une même étude et ses idées de dogme et ses idées avant 1848.

(1) J. B. Say, *Revue encyclopédique*, 1825, tome 27, page 835.

(2) List, *Système National d'Economie politique*, p. 62, a dit de Blanqui qu'il s'était contenté de « délayer J.-B. Say » et a traité ses ouvrages « d'insipides ». Ce jugement est entaché de partialité.

Après 1848, en effet, sans que ses idées générales se soient modifiées, son esprit semble avoir pris une tournure nouvelle. Les récents évènements, encore tous présents à son esprit, l'enquête qu'il vient de faire auprès des classes laborieuses et qui lui a révélé les maux profonds dont souffrent les travailleurs, tout cela lui suggère des réflexions nouvelles. Plus prompt à l'attendrissement, plus humain, il risque des réformes qu'il n'aurait probablement pas préconisées quelques années auparavant, car ces réformes sont appelées par des maux qu'il ne supposait pas si profonds. Ses écrits, avant 1848, sont plus dogmatiques, ceux qui sont sortis de sa plume après cette date se cantonnent plus particulièrement dans le domaine de l'application. C'est pour cela peut-être qu'il se montre moins intransigeant sur bien des points.

Nous allons donc examiner dans ces paragraphes les principales idées de Blanqui éparses dans son *Histoire de l'Economie politique* (1835-37) (1) dans ses *Cours au Conservatoire des Arts et Métiers* (1836-37-38-39) et enfin dans différents articles du *Journal des Economistes* et de la *Revue mensuelle d'Economie politique* (années 1835 et 1836).

II. *Blanqui est bien libéral.* — Blanqui fut toute sa vie un économiste classique et ses idées sur la liberté,

(1) Blanqui, *Histoire de l'Economie politique en Europe depuis les Anciens jusqu'à nos jours*, 5e édition en 1 volume, 1882, Paris, Guillemin.

surtout au point de vue du commerce extérieur ne varièrent jamais. « La tendance irrésistible de notre économie politique, dit-il, est la liberté » (1). Elle n'est d'ailleurs jamais venue « sans apporter avec elle quelque bienfait » (2). Et cette liberté il ne cesse, nous le verrons au cours de ce travail, en toute circonstance d'en proclamer l'utilité, de la défendre avec énergie (3) sans toutefois s'abstenir de lui reconnaître bien des inconvénients.

III. — *Blanqui reconnaît au principe de la liberté absolue bien des inconvénients.* — Entendons Blanqui dans une discussion à l'Académie sur la concurrence et notons les impressions de l'auteur du compte rendu : Hippolyte Dussard.

M. Dunoyer, rapporte Dussard, vient de combattre pour la libre concurrence, illimitée, sans bornes et M. Blanqui « qui a cru devoir appuyer M. Dunoyer, ne pense pas que la concurrence soit aussi exempte de reproche que le prétend le savant M. Dunoyer... les exemples de ruine que nous avons eus devant les yeux lui semblent un argument puissant contre l'abus de la concurrence » (4). Toutefois, conclut Dussard, il ne faut pas agir contre elle.

(1-2) Blanqui, *Histoire de l'Economie politique*, page 5.

(3) Un article au hasard, Blanqui, *Journal des Economistes*, déc. 1841 à mars 1842, tome I, p. 289, article intitulé : *Des dangers du régime prohibitif et de la nécessité d'y remédier.*

(4) *Journal des Economistes*, avril, juillet 1843, tome V, page 309.

Plus loin, à cette même séance, Blanqui revient en ces termes sur la différenciation qu'il fait entre la théorie et l'application : « M. Dunoyer, n'est pas aussi radical, aussi absolu qu'il peut le paraître au premier abord...., seulement il importe de bien observer la distance qui sépare la théorie de l'application. Pour moi, voulant croire aux miracles de la concurrence, sans lui demander plus qu'elle ne peut donner, j'y vois un principe bon et moral qui a déjà rendu d'immenses services » (1).

Mais comment concilier ces énormes avantages de la concurrence avec les dangers et les malheurs qu'elle a entraînés avec elle? Le remède n'est autre que l'association, à laquelle il ne faut porter aucune atteinte et qui seule « pourra sauver la production » ! (2).

Mais toujours, cette idée de liberté, de libre concurrence ou de protection le hante, il affirme les bienfaits de la liberté, et tout ensemble ses énormes inconvénients. La grande industrie est, dit-il, dans une position fausse, « car elle n'a pas d'appui plus solide et d'entrave plus funeste que la protection, dont par suite de son organisation vicieuse, elle a aujourd'hui le besoin le plus réel » (3).

Telle est la situation plutôt embarrassante dans laquelle

(1) *Séances de l'Académie des Sciences morales et politiques*, par Vergé, III, 1843, p. 462.

(2) *Journal des Economistes*, avril juillet 1846, tome XIV, pages 260 et 261

(3) Blanqui, *Cours d'Economie industrielle*, 1838, Hachette, Paris, 1839, page 63.

il place la grande industrie : obligation pour subsister d'user de la protection, d'une part, et bienfait énorme que lui procurerait un régime de liberté d'autre part !

Mais est-ce à dire que les travailleurs aient, eux, gagné, aux progrès accomplis et à l'émancipation plus grande du travail dans l'industrie ? Ce n'est pas son avis, car si l'industrie a profité du progrès, « il ne serait pas juste d'affirmer que les ouvriers y ont gagné autant que les maîtres ». (1) Pour sa part, il pense que cette révolution a été tout à l'avantage des derniers...

IV. *Critique de l'école anglaise et de J.-B. Say.* — Jugeant l'école anglaise il dit que « la doctrine d'Adam Smith, qui a prévalu en Angleterre, commence à porter « des fruits amers. » Quant à lui, il préfère que l'on contienne la production dans de sages limites, ce qu'à fait « l'Economie politique française, à laquelle il fait profession d'appartenir » (2).

Sur Ricardo, c'est un jugement sévère qu'il portera. Il lui reproche de s'être plus occupé de la richesse des nations que du bien-être de l'individu et sa logique sévère, ajoute-t-il, a trop « considéré les hommes comme des instruments » (3).

(1) Blanqui, *Cours d'Economie industrielle*, 1838-39, Mathias, éditeur, p. 117.

(2) Blanqui, *Histoire de l'Economie politique*, pages 350 et 351.

(3) Blanqui, *ibid.* page 415.

Rigoureux aussi est son jugement sur Malthus ainsi que celui sur J.-B. Say à qui il reproche, de s'émouvoir à peine des questions de salaires et de population et d'avoir adopté à leur égard les idées de Malthus. J.-B. Say a développé les bienfaits du commerce et de la concurrence illimitée. C'est un tort ; à son sens : il faisait une part trop belle aux capitaux, trop effacée aux gouvernements, « en leur refusant toute action efficace sur le bonheur des citoyens » (1).

Nous pouvons donc résumer son idée en concluant que le principal reproche qu'il fait à J.-B. Say est de s'être montré trop dur vis-à-vis des ouvriers, dureté qui rappelle « les formules abstraites de Malthus et de Ricardo ». C'est un logicien sans pitié pour les travailleurs qui souffrent, et dont les infortunes lui paraissent méritées (2).

Les écrits de J.-B. Say, sur ce point, ne sont pas exempts de critique et ils seront dépassés « par l'école de Sismondi malgré ses erreurs » (3).

V. *Critique de Dunoyer. — Les hésitations de Blanqui.* — Dunoyer, lui aussi, l'intransigeant libéral et son illustre collègue à l'Académie, n'a pas échappé à sa critique. Il a bien fait, à son sens, de résister au courant et de ne pas s'associer, vis-à-vis des classes ouvrières,

(1) Blanqui, *Histoire de l'Economie politique*, page 404.
(2) Blanqui, *ibid.* page 408.
(3) Blanqui, *ibid.* page 404.

à des promesses de félicité qui ne pouvaient se réaliser, peu de gens en ce bas monde pouvant avoir l'apanage de la félicité. Mais si Dunoyer a bien fait « de gronder la pauvreté et de blâmer son insouciance », de Sismondi et Villeneuve Bargemont se sont, eux aussi, acquis le plus grand mérite en soutenant la thèse opposée, révélant les griefs des classes pauvres, prenant à partie « la richesse et lui reprochant son égoïsme » (1).

Dunoyer s'est montré trop dur, Sismondi trop attendri, trop utopiste. Vers lequel incliner ? Blanqui ne saurait le dire, il constate un fait, il ne se prononce pas. Et c'est toujours la même hésitation, la même incertitude avant de prendre parti. C'est l'École qui le guide quand il raisonne, c'est le cœur qui parle quand il juge Sismondi ou Villeneuve-Bargemont.

VI. *Jugement de Blanqui sur Droz.* — Blanqui juge Droz à un point de vue spécial. Ce n'est plus, en tant que professant en compagnie de Dunoyer, l'horreur des promesses trompeuses à l'égard des classes ouvrières (2) qu'il l'examine, mais plutôt sur la façon dont il envisage l'Économie politique et la tâche qu'il lui assigna.

A son avis, Droz a bien fait de s'écarter de « l'inflexible définition des anciens économistes » (3), plus

(1) Blanqui, *Histoire de l'Économie politique*, page 436.
(2) Blanqui, *ibid.*, page 438.
(3) Blanqui, *Revue mensuelle d'Économie politique*, 1835, tome IV, page 26.

occupés de la richesse d'une nation que du bonheur des individus qui la composent.

C'est avec raison qu'il a « blâmé l'école anglaise » (1) osant nettement déclarer qu'un pays est pauvre quand les habitants y sont pauvres et leurs demeures misérables, quand bien même la somme des richesses de ce pays serait considérable et plus forte que celle des nations voisines (2). C'est avec raison qu'il veut que l'Economie politique serve non seulement aux améliorations matérielles et politiques, « mais encore aux améliorations morales et domestiques » (3).

Malgré cela, moins absolu que de Sismondi, il s'est montré avec raison partisan de la liberté au point de vue industriel et commercial et sur ce point pas de contradiction entre ses idées et celles de Smith et de J.-B. Say (4).

Son opinion sur les machines est encore pleine de bon sens, il se récrie quand on parle de les prohiber et si elles produisent momentanément un « tort passager » (5), leur immense bienfait se fera plus tard sentir. Quant aux moyens d'atténuer dans la mesure du possible, cette cruelle transition, il est regrettable qu'il n'ait pas cherché à l'indiquer.

(1) Blanqui, *Revue mensuelle d'Economie politique*, 1835, tome IV, page 26 et 27.
(2) Blanqui, *ibid.* page 26 et 25.
(3) Blanqui, *ibid.* page 555.
(4) Blanqui, *ibid.* page 28.
(5) Blanqui, *ibid.* page 31.

Droz, en mélangeant la science économique à la morale, en n'étudiant pas l'Economie politique au strict point de vue de la production générale des richesses, sans nul souci de l'individu, étude qui, suivant l'expression d'Aristote ne s'appliquerait qu'à une branche spéciale qu'il appelle « chrématistique » (1), a donc parfaitement fait. Il sera, dans le début tout au moins, du même avis, différenciant ce qu'il appelle « la Chrysologie » de l'Economie politique. Nous aurons occasion de revenir sur ce point.

Mais n'est-ce pas curieux d'entendre Blanqui féliciter Droz de cette façon d'envisager les choses, quand lui-même était tombé dans l'erreur que Droz avait si savamment évitée.

C'est un grand reproche que lui fait Guérard, quand il traite avec raison son ouvrage, « Le Résumé de l'Histoire du Commerce et de l'Industrie », de simple ouvrage de Chrématistique, simple traité sur les richesses, n'envisageant sous aucune forme, le côté moral ou social de l'Economie politique. Pour lui, tous les ouvrages de Blanqui n'ont malheureusement en vue « que l'Economie industrielle, strictement industrielle » (2) et rien de plus.

VII. *Jugement sur Sismondi.* — Blanqui rend à Sismondi le plus grand hommage. Grâce à lui, certaines

(1) Blanqui, *Revue mensuelle d'Economie politique*, 1836, tome 5, p. 433.
(2) Guérard, *La littérature française*, p 606 et suiv. (116-1).

considérations ont été mises en lumière, acquises à la science. Il ne partage pas ses idées sur bien des points, mais il n'en conclut pas moins à la grandeur de l'œuvre de cet économiste. Cette opinion et les nombreuses pages consacrées à Sismondi, éparses un peu partout, dans les ouvrages de Blanqui, sont une preuve de la haute considération dans laquelle il tenait cet auteur. Nous sommes loin de l'opinion de certains libéraux contemporains de Blanqui, Dussard et Dunoyer par exemple, qui affirmaient ne pas comprendre qu'on perdît encore son temps, dans une aussi sérieuse société, qu'était l'Académie, à discuter l'œuvre quelle qu'elle soit d'un économiste qui aurait voulu apporter au principe de la liberté absolue, la moindre restriction (1).

Plus en arrière, encore, nous sommes avec ce rédacteur au *Journal des Economistes* qui signe G. de M. et qui trouve que Guyard critique très raisonnablement toute loi, prédestinée d'ailleurs à rester vaine, portant réglementation de la durée du travail des enfants dans les manufactures et limitant cette durée à dix heures de travail (2) !

(*a*) Sismondi a montré que le bonheur des individus ne dépend pas de la richesse des nations.—Dans un article sur Sismondi, Blanqui ne craint pas de lui attribuer la priorité de ce principe, car, avant lui, dit-il, « on avait négligé l'individu pour ne s'occuper que des

(1) *Journal des Economistes*, août-novembre 1845, tome XII, page 159.
(2) *Journal des Economistes*, décembre 1847, mars 1848, tome 19 page 308.

masses » (1). La prospérité d'une nation et non de la masse qui la compose : telle était l'unique préoccupation. Ce que Sismondi a voulu établir c'est que « pour que les richesses contribuassent au bonheur de tous, il fallait que leur accroissement se conformât à celui de la population et qu'il ne suffisait pas de créer des produits pour augmenter la richesse nationale si la distribution de ces produits ne se faisait pas, parmi les populations, dans des proportions définies » (2). Les excès de production sont, pour lui, des plus funestes pour les travailleurs (3) et très éloquent, mais malheureusement paradoxal est son manifeste, où il s'insurge contre les prétendus avantages de la concurrence illimitée, préconisée par J.-B. Say (4).

(*b*) Sismondi a admirablement décrit les misères de la classe ouvrière. — Ses peintures de la souffrance physique et morale des classes laborieuses sont « pleines de vérité et d'énergie » (5). C'est lui qui a peint avec le plus d'éloquence « les souffrances des travailleurs en France et en Angleterre » (6). L'honneur lui revient d'avoir provoqué la formation de cette nouvelle école qui veut « réintégrer dans le sein de la société, cette

(1) Blanqui, *Revue mensuelle d'Economie politique*, 1835, tome IV, page 381.
(2-3) Blanqui, *ibid.* pages 542 et 543.
(4) Blanqui, *Histoire de l'Economie politique*, p. 8.
(5) Blanqui, *Revue mensuelle d'Economie politique*, 1835, tome IV, p. 387.
(6) Blanqui, *ibid.* p. 544.

classe si nombreuse dont Malthus voulait ôter le couvert » (1).

Car avant Sismondi, l'école anglaise régnait en maîtresse et c'était bien triste que d'entendre couramment prononcer qu'il n'y a pas lieu de s'occuper des maux qu'entraîne avec elle le plus grand développement de l'industrie, dont « le char va si vite qu'il est impossible de voir ceux qu'il écrase dans sa course rapide » (2). C'est son grand honneur que d'avoir battu en brèche cette école anglaise triomphante (3), d'avoir été « l'historien de cette partie fugitive et douloureuse des développements de l'industrie moderne » (4).

Car il fallait un « véritable courage pour signaler, le premier, d'une main ferme, les dangers du système artificiellement et aveuglément producteur préconisé par l'Angleterre et adopté par la plupart des économistes de l'Europe » (5).

« Son livre, *Les nouveaux Principes*, est donc le meilleur ouvrage critique qui existe en économie politique, mais un livre meilleur sera celui qui doit le réfuter » (6).

Sismondi en effet, tombe, suivant Blanqui sous le coup de bien des reproches et maintenant que nous avons

(1) Blanqui, *Cours d'Economie industrielle*, 1837-38, Angé éditeur, 1838, pages 75 et 76.
(2) Blanqui, *Histoire de l'Economie politique*, p. 428.
(3) Blanqui, *ibid.* p. 429.
(4) Blanqui, *ibid.* p. 429.
(5) Blanqui, *ibid.* p. 429.
(6) Blanqui, *ibid.* p. 428.

exposé tout le bien qu'il en pense, il nous faut reproduire les griefs qu'il a contre lui, car Blanqui, nous devons le supposer, ne pourra jamais épouser dans leur ensemble les idées de cet écrivain qu'il dit lui-même être le « partisan le plus distingué de l'école restrictive » (1).

(*c*) Reproches adressés à Sismondi. — Le premier reproche qu'il lui adresse est de « trop généraliser », « de tirer quelquefois des conséquences exagérées d'un principe raisonnable » (2).

Trop exclusif dans ses appréciations, il veut « plier les faits à son système plutôt que de le subordonner aux faits » (3). Blanqui ne peut admettre que parce qu'un système a provoqué des abus, ce soit une raison suffisante pour proscrire à tout jamais ce système.

Le second reproche qu'il lui fait est de ne pas donner de solution, de ne pas indiquer les moyens « de remédier à un tel état de choses » (4). Il ne suffit pas d'affirmer, ce qui est très juste, d'ailleurs, que le pauvre travailleur ignore (et c'est ce qui cause son malheur) quels seront les débouchés des produits qu'il fabriquera et de conclure que « si la distribution des profits du travail lui paraît vicieuse, ce lui semble être quelque chose au dessus des forces humaines que de concevoir quelque chose de différent » (5).

(1) Blanqui, *Revue mensuelle d'Economie politique*, 1835, tome IV, page 544.
(2) Blanqui, *Histoire de l'Economie politique*, p. 428.
(3) Blanqui, *Revue mensuelle d'Economie politique*, 1835, tome IV, pages 382 et 383.
(4) Blanqui, *ibid.* page 386.
(5) Blanqui, *ibid.* page 386.

C'est pourquoi, comme il le disait plus haut, si le livre de de Sismondi est admirable, plus beau encore sera celui qui réfutera cet ouvrage qui se termine « par un cri de désespoir » (1).

C'est un cri de désespoir aussi que poussera Blanqui, à propos de la difficulté de faire une loi sur le travail des enfants, et pas plus que Sismondi, il ne donnera de solution pratique, possible ; pas plus que lui il ne proposera de moyen applicable !

d) Reproches de Blanqui à Sismondi sur ses idées sur le machinisme. — Sismondi voit que les machines, enrichissent la nation, mais que étant donnée « l'insuffisance des débouchés, elles font la misère des travailleurs » (2). Elles sont, suivant lui, le point de départ de la surproduction, cette si funeste chose (3).

Là encore, réfute Blanqui, on peut dire que Sismondi a poussé sa « théorie à l'extrême » et que les ouvriers qui d'après lui, souffrent tant de l'introduction des machines, seraient encore sans elles « beaucoup plus misérables » (4). Fausse, aussi, est la théorie de Sismondi, quand il propose d'anéantir les « privilèges dont jouissent les inventeurs » (5).

e) Reproches de Blanqui à Sismondi sur sa théorie en faveur des maîtrises et jurandes. — La civilisation,

(1) Blanqui, *Revue mensuelle d'Economie politique*, 1835, tome IV, page 387.
(2) Blanqui, *ibid.* page 381.
(3) Blanqui, *ibid.* page 543.
(4) Blanqui, *ibid.* pages 383 et 384.
(5) Blanqui, *Cours d'Économie industrielle*, 1836-37, Angé édit. 1837, p. 86.

suivant Sismondi, est « un foyer de misère et de corruption et il faudrait revenir au système patriarchal des petites fermes et des petites industries » (1).

Il faudrait revenir, aussi, au système des maîtrises et des jurandes (2).

Sur ce point Blanqui lui répond que les maîtrises avaient du bon à l'époque où elles existaient, mais que demander actuellement leur rétablissement, « c'est ne pas tenir compte que la demande de produits est plus considérable, et que si elle n'a pas crû en proportion de la population, elle s'est accrue suffisamment tout au moins pour fournir à cette dernière les moyens d'exister » (3).

(*f*) Conclusion de ces appréciations de Blanqui sur de Sismondi. — Quoi qu'il en soit, il était des plus curieux d'examiner ce que Blanqui, celui des économistes libéraux de l'époque, qui s'est le plus souvent occupé de de Sismondi, pensait de cet illustre économiste.

Il ne faut pas perdre de vue tout le bien qu'il a dit de ses *Nouveaux principes*, « cet excellent ouvrage, qui renferme d'ailleurs de graves erreurs, mais qui n'a pas été apprécié comme il méritait de l'être »(4). Tout le bien enfin qu'il dit de l'homme quand il déclare que le premier, il a posé, sans le résoudre, ce grave problème qui s'impose à la méditation des Economistes et des hommes

(1) Blanqui, *Revue mensuelle d'Économie politique*, 1835, tome IV, page 382
(2) Blanqui, *ibid.* page 384
(3) Blanqui, *ibid.* page 385.
(4) Blanqui, *ibid.* page 481.

d'Etat : « Comment concilier l'augmentation de la misère privée avec l'augmentation de la richesse publique » (1) ?

Exagérant, peut-être, la grandeur de maux qui ne dépendaient pas tous de la même cause, « il s'est vivement ému du tableau des souffrances si communes dans les pays de manufactures », et ce sera « l'honneur éternel de son nom, que d'avoir donné l'éveil à l'Europe et de s'être mis à la tête d'une croisade en faveur des classes les plus injustement disgraciées de notre ordre social » (2) !

Le problème est maintenant posé. A nos législateurs, dit Blanqui, le soin de le résoudre ! (3)

VIII. *Jugement sur Saint-Simon et son école.* — C'est toujours la même pensée d'humanité, le même sentiment de compassion pour la classe des travailleurs qui inspire Blanqui dans ses appréciations sur l'école de Saint Simon, dont le véritable service a été de révéler « à la science, à l'humanité, et aux hommes éclairés la condition des classes laborieuses » (4).

Il faut dire, d'ailleurs, qu'ils arrivèrent à un bon moment : celui, où tout le monde discutait ces questions des salaires, des débouchés et des enfants, questions dont aucun gouvernement n'osait encore s'occuper (5).

(1-2) Blanqui, *Histoire de l'Economie politique*, p. 430.
(3) Blanqui, *ibid.* p. 429.
(4) Blanqui, *Revue mensuelle d'Economie politique*, tome IV, 1835, p. 549.
(5) Blanqui, *Histoire de l'Economie politique*, page 449.

S'ils s'en fussent tenus là, ils auraient pu rendre de grands services; malheureusement, ils exagérèrent leurs dires, et lancèrent cette théorie, fausse, dit Blanqui, de l'improductivité de tous les hommes non occupés à des travaux matériels.

Blanqui vante encore des Saints Simoniens « la doctrine du Crédit », qui est, à son sens, « un prodigieux stimulant de la production » (1).

IX. *Jugement sur Fourier.* — Il n'est pas jusqu'à Fourier à qui Blanqui n'adresse certains éloges, s'associant en cela à ceux que Villermé avait déjà décernés à ce même auteur.

Toutes les vues de Fourier ne sont pas applicables, mais ses ouvrages sont « remarquables de critique et d'organisation ». Son courage à attaquer les vices de notre société moderne est des plus louables, ainsi que ses moyens pour y réussir des plus ingénieux (2).

« Il ne faut pas parler avec ironie des rêves de Fourier », dit-il (3), car son association phalanstérienne donnait des « bénéfices plus considérables que tous les modes surannés d'exploitation égoïste ». Il a eu le tort d'avoir poussé trop loin l'esprit d'association (4).

(1) Blanqui, *Revue mensuelle d'Economie politique*, tome IV, 1835, page 547.
(2) Blanqui, *Cours d'Economie industrielle*, 1838, Hachette, et Angé, 1839, page 259.
(3) Blanqui, *Histoire de l'Economie politique*, page 466.
(4) Blanqui, *ibid.* page 465.

Mais il ne faut pas désespérer ni conclure de ce que les expériences de Fourier, Saint-Simon et Owen, ont été vaines, qu'il ne faille pas les renouveler.

Bien au contraire, il faut les recommencer, mais en ayant soin « de respecter les règles de la science et l'organisation sociale telle qu'elle existe » (1). Il va même plus loin : On lui a assuré, dit-il, qu'une tentative fouriériste allait être faite avec les enfants, il va la suivre avec plaisir et « peut-être, un jour, en verra-t-il la réussite » (2).

Quoi de plus catégoriquement élogieux que de semblables paroles sur Fourier et son école ?

X. *Jugement sur Owen.* — Cette tentative sur la réglementation du travail des enfants qu'il attend avec impatience, il apprend que c'est Owen qui, revenu récemment en France, doit l'opérer. Rien de mieux, et c'est bien, à son avis, par l'enfance qu'il est possible de réformer sérieusement « l'ordre économique actuel » (3).

XI. *Opinion personnelle de Blanqui sur le machinisme.* — L'opinion de Blanqui sur le machinisme peut se résumer dans les trois propositions suivantes :

(1) Blanqui, *Cours d'Économie industrielle*, 1837-38, Angé, 1838, p. 166.
(2) Blanqui, *ibid.* 1838, Hachette et Angé, 1839 page 271.
(3) Blanqui, *Histoire de l'Économie politique*, page 471.

1° Les machines ont de grands avantages, mais aussi des inconvénients ;

2° Les inconvénients ne sont pas tels qu'il faille renoncer aux machines. Dureront-ils ?

3° Quels moyens pourrait-on trouver pour atténuer ces inconvénients ?

a) Inconvénients du machinisme. — Blanqui convient que les machines ont eu le grand désavantage « de concentrer la propriété en quelques mains, d'avoir mis le plus grand nombre au pouvoir de quelques-uns et tout le monde, maîtres et ouvriers, à la merci d'une crise commerciale, d'un engorgement de produits par défaut de débouchés » (1).

L'ouvrier, c'est incontestable, est placé par la machine sous la dépendance absolue de l'employeur (2).

De plus, c'est indéniable aussi, la très grande productivité de la machine a amené l'engorgement des produits, et les crises commerciales qui en découlent.

Enfin, la machine a permis l'abus de la durée du travail non-seulement de l'ouvrier, mais, ce qui est plus grave, de l'enfant. « De la permanente activité de l'instrument on s'est autorisé à exiger autant de services du bras qui le dirige » (3).

Mais ce dernier argument est insuffisant de prime abord pour faire condamner le machinisme, car on ne

(1) Blanqui. *Cours d'Économie industrielle*, 1836-37, Angé, 1837, page 9.
(2) Blanqui, *ibid.* 1837-38, Angé, 1838, pages 103 et 104.
(3) Blanqui, *ibid.* p. 96.

peut conclure d'un abus de la machine, qu'elle soit pernicieuse en elle-même et il faut seulement regretter qu'on en ait « abusé comme de toutes les bonnes choses » (1).

b) Avantages du machinisme. Réponse aux objections. — Si tels sont les principaux inconvénients des machines, leurs bienfaits sont considérables et indéniables et le principal est l'essor énorme qu'elles ont donné à l'industrie, essor qui, s'il a produit quelques maux, « a procuré encore plus de bien » (2). Il faut dire franchement qu'elles sont « indispensables à une nation industrielle, sous peine de rester en arrière du mouvement de progrès qui s'opère autour d'elle, de perdre sa position et d'être complètement ruinée » (3).

Un autre bienfait des machines est d'avoir permis de donner « aux femmes » un travail proportionné à leurs forces et d'avoir permis « d'émanciper les enfants » charge pour leurs parents jusque-là (4).

Encore une fois, on en a abusé ; la durée du travail a été augmentée et sa réduction constitue un grave problème, presque insoluble, sur lequel nous reviendrons, mais de cet abus il ne faut pas conclure à la malignité des machines.

Quant à l'argument contre le machinisme qui consiste à dire qu'il a enlevé le travail à bien des indivi-

(1) Blanqui, *Cours d'Economie industrielle*, 1837-38, Angé, 1838, p. 95.
(2) Blanqui, *ibid.* p. 76.
(3) Blanqui, *ibid.* 1838-39, Mathias, p. 130.
(4) Blanqui, *ibid.* 1837-38, Angé, 1838, p. 95.

dus, il faut répondre victorieusement « que ce travail, les machines l'offraient à d'autres et qu'elles déplaçaient des existences, sans en détruire aucune » (1). *Pendant un certain temps* il y eut, pour certains, privation totale de salaire, « chômage et grand malaise », mais ce ne fut que « *passager* » et peu après, un nombre bien plus considérable d'ouvriers purent avoir de l'ouvrage (2).

c) Le dilemme du machinisme.—Sismondi et J.-B. Say. — Il faut supprimer les machines, demande Sismondi, et surtout ne plus en fabriquer de nouvelles, car toute machine « réduit les salaires et met de côté de nombreux ouvriers ». Mais, répond Say, si vous supprimez les machines « ou si vous cessez d'en inventer, les peuples rivaux perfectionneront les leurs, vos produits seront inférieurs et plus chers ; vous ne pourrez plus soutenir la concurrence » et ce sera le congédiement des ouvriers et leur ruine (3).

Mais sans admettre, ni la suppression des machines, ni leur libre développement, sans aucun contrôle, puisque Blanqui prétend que la machine est bonne quand elle ne fournit pas matière à des abus, il y aurait peut-être une troisième solution possible qui serait de réglementer les machines, la durée du travail et d'éviter les abus.

(1) Blanqui, *Cours d'Economie industrielle*, 1837-38, Angé, 1838, p. 83.
(2) Blanqui, *ibid.* 1836-37, Angé, 1837, p. 8.
(3) Blanqui, *ibid.* 1838, Hachette et Angé, 1839, p. 200 et 201.

Mais là encore nous allons tomber dans une impossibilité.

d) Impossibilité de supprimer les abus du machinisme dont le principal est la non réglementation de la durée du travail. — Supposons une loi, en principe possible et d'une exécution facile, réglant le maximum de la durée du travail, qu'arrivera-t-il ? C'est que cette loi tuera l'industrie. En effet, les patrons gênés par elle ne pourront plus soutenir la concurrence, partant seront forcés de moins payer leurs ouvriers, qui déjà fort peu payés, recevront un salaire insuffisant pour vivre eux et leurs familles. D'autre part, si le salaire de l'ouvrier n'a pas été diminué, le patron ne pourra plus soutenir la concurrence et courra à sa ruine (1).

On peut dire, de plus, que si cette loi, une fois votée, les fabriques abaissaient la durée des heures de travail et partant les salaires, cela rejaillirait de la façon la plus fâcheuse sur les enfants, eux surtout qu'il faut protéger. En effet, le père mis, dans l'impossibilité de gagner suffisamment, « permettrait que son enfant travaille comme lui (2) ».

La solution est bien difficile, dit Blanqui, un moyen serait à découvrir, « ce serait la pierre philosophale » (3).

(1) Blanqui, *Cours d'Economie Industrielle*, 1837-38. Angé, 1838 page 96 et 97.

(2) Blanqui, *ibid.* 1838, Hachette et Angé, 1839, page 56.

(3) Blanqui, *ibid.* 1838, Hachette et Angé, 1839, page 200.

Mais ce que l'on peut déjà faire, à son avis, est d'appliquer une mesure de réglementation « pour les enfants » (1) mais uniquement pour eux.

L'appliquer aux ouvriers amènerait, nous l'avons vu, une des trois solutions suivantes :

Ou ruiner l'industriel;

Ou permettre au père, diminué dans son salaire, de faire, pour se rattraper, travailler son enfant autant que lui ;

Ou enfin, si une limite était posée pour le père et une autre limite plus faible encore, pour l'enfant, de condamner toute une famille à mourir de faim, par suite de l'insuffisance du salaire.

Au résumé, une loi « interdisant l'emploi des machines » ou pour conjurer leurs mauvais effets, réglant « la durée du travail, sont également impossibles, car elles ne peuvent être générales » (2).

Voilà que la question du machinisme nous a entraîné, et Blanqui avec nous, à la réglementation de la durée du travail, admise seulement par lui, pour les enfants. Nous sommes en 1838.

Deux choses nous seront apprises par la suite :

1° Que Blanqui trouvera dans les traités internationaux, un moyen possible de lutter contre les abus du machinisme en réglementant la durée du travail,

(1) Blanqui, *Cours d'Économie industrielle*, 1837-38, Augé, 1838, page 97.
(2) Blanqui, *ibid.* *ibid.* pages 96 et 97.

moyen qu'il dit « avoir cherché en vain » en 1838 (1).

2° Qu'après 1848, Blanqui ira plus loin dans son interventionisme et ne s'arrêtera pas à la demande de mesures restrictives pour les enfants seulement.

XI. *Mesures interventionnistes proposées par Blanqui.* — *a*) Pour les enfants. — On a souvent demandé, dit Blanqui, qu'une loi intervînt pour limiter le travail dans les manufactures et pour y « défendre l'emploi des enfants trop jeunes » (2). C'est une question des plus intéressantes et dont il lui plaît de s'occuper.

L'emploi « des ouvriers, enfants et adultes dans les manufactures est abusif » et une loi serait bonne pour mettre un terme à cette espèce de « suicide que beaucoup sont disposés à faire d'eux-mêmes, libres qu'ils sont d'épuiser leurs forces et celles de leurs enfants » (3).

Pour les enfants, nous connaissons son opinion et dans un paragraphe précédent sur le machinisme nous l'avons nettement exposée. Une loi restrictive en leur faveur est possible, absolument applicable, et c'est en connaissance de cause qu'il parle de son utilité, lui, qui « depuis 18 ans vit avec les enfants, les étudie et médite sur leur caractère » (4).

(1) Blanqui, *Cours d'Economie industrielle*, 1837-38, Angé, 1835, page 96.
(2) Blanqui, *ibid.* 1838-39, Mathias, p. 119.
(3) Blanqui, *ibid.* 1838-39, Mathias, p. 138.
(4) Blanqui, *ibid.* 1838, Hachette et Angé, 1839, p. 271.

Quant à la possibilité d'une loi, en faveur de la limitation de la durée du travail pour les adultes, la question est beaucoup plus délicate et, toujours dans ce même chapitre sur le machinisme, il a donné les raisons qui rendent cette loi inapplicable : impossibilité d'une part, pour le patron, sous peine de ruine, du fait de la concurrence, de maintenir le taux des salaires et d'autre part, impossibilité pour l'ouvrier de subsister si son salaire est abaissé. Question insoluble pour Blanqui dans son cours de 1837-1838. Mais voici que dans son cours de 1838-1839, après avoir reproduit les mêmes théories sur la liberté de la concurrence, il propose deux moyens. Le premier radical, s'il pouvait être mis en pratique ; le second, qui n'est qu'un moyen de légère amélioration, mais qui peut être assez facilement applicable. Ce premier moyen réside dans les traités internationaux.

b) Pour les adultes, moyen radical : Les traités internationaux. — Un seul moyen existe d'accomplir cette réforme en faveur des ouvriers, en évitant des suites désastreuses. « Ce serait de la faire adopter par tous les peuples industriels exposés à se faire concurrence au dehors. Mais le voudra-t-on, mais le pourra-t-on ? Au fait, pourquoi pas ? La chose serait au moins neuve, et devrait peut-être à ce titre un succès.

(1) Blanqui, *Cours d'Économie industrielle*, 1838, Hachette et Angé, 1839, page 271.

Il faut en essayer »(1). Et cela a été essayé, effectivement, mais bien lontemps après, dans la conférence de Berlin (mars 1890), réunie sous les auspices de l'Empereur d'Allemagne pour y traiter de la législation internationale du travail. Cette conférence a-t-elle donné les heureux résultats prédits par Blanqui en 1839 ? Il nous sera donné d'y revenir et de le dire dans un autre chapitre. Il était toutefois, très intéressant de noter cette indication fournie, en 1839 à son cours, par l'économiste libéral Blanqui.

c) Pour les enfants et les adultes. — Moyen de bonne amélioration : Les jours de repos obligatoires. — Il serait aussi, en faveur de tous les ouvriers, une excellente mesure. Ce serait l'institution, par la loi civile de « jours de repos obligatoires qui permettraient au corps de se délasser et à l'esprit de se détendre » (2). Mais encore faudrait-il que sur ce point, il y ait entente entre « toutes les nations manufacturières » (3). Cette entente serait plus facile que celle sur la durée des heures de travail, car elle s'appliquerait à une mesure de réglementation, moins importante, moins radicale.

Il conclut en affirmant que sur ces questions, comme sur celle de la loi à intervenir en faveur des enfants, il y a des choses « excellentes » (4) à prendre dans la législation anglaise qui malheureusement ne fut guère observée (5).

(1) Blanqui, *Cours d'économie industrielle*, 1838-39. Mathias, pages 120 et 121.
(2-3) Blanqui, *ibid.* *ibid.* page 138.
(4) Blanqui, *ibid.* *ibid.* page 139.
(5) Blanqui, *ibid.* *ibid.* page 141.

Le nombre des heures de travail par jour et par semaine, notamment, était fort bien compris (1). Si cette législation anglaise ne put entrer dans le domaine de l'application, ce ne fut pas la faute aux manufacturiers, mais bien aux ouvriers et aux parents des enfants qu'on avait voulu protéger, et qui s'en affranchirent les premiers (2).

Il pense qu'il sera toujours possible de réduire la durée des heures de travail, mais, hélas ! cette loi sera peut-être plus onéreuse que favorable et courra bien des risques de rester lettre morte (3).

Ce cri de désespoir qu'il reproche à Sismondi ne le jette-t-il pas lui-même, avec la même tristesse, le même froissement de son cœur si bon pour ceux qui souffrent !

Tout au moins, reprend-il aussitôt, car il n'est pas homme à perdre courage, « veillons à l'obligation pour tous les enfants d'assister aux leçons des écoles »... (4) C'est un commencement, c'est un acheminement vers les temps rêvés de réalisations possibles ! !

d) Mesure interventioniste proposée par Blanqui dans les questions de travaux publics. — Blanqui fait encore preuve de tendance interventionniste quand il met au nombre des choses qu'il faut abandonner « ce vieux principe, encore, dit-il, défendu par M. J.-B. Say qui interdit au gouvernement, d'une manière absolue,

(1) Blanqui, *Cours d'Economie industrielle*, 1838-39, Mathias, p. 141.
(2) Blanqui, *ibid.* p. 143.
(3-4) Blanqui, *ibid.* p. 143.

toute participation, toute intervention dans les travaux publics et dans l'industrie » (1).

Suivant lui, cette exclusion qui pouvait avoir sa raison d'être en d'autres temps, doit être bannie maintenant que « l'administration a pris la tâche de marcher avec le pays... » (2).

Le principe, en effet, peut être rangé dans ces applications de la science, qui, elle, « est absolue », tandis que ses « applications peuvent être frappées de circonstances modifiantes » (3).

§ IV. — Principal ouvrage d'application de Blanqui, écrit après 1848 : la condition des classes ouvrières en France pendant l'année 1848 (2 volumes, Paris, 1849).

Nous avons vu, que la Révolution de 1848 avait plutôt fait reculer Villermé d'un pas en arrière. Nous noterons pareil revirement dans les idées de Léon Faucher.

Blanqui, au contraire, à la suite des troubles de 1848 et de l'enquête dont il fut chargé sur l'état des classes ouvrières, s'était en quelque sorte plus avancé dans la voie des réformes.

D'ailleurs, nous l'avons fait remarquer cet économiste fut toujours un hésitant partisan d'une théorie de

(1-2) Blanqui, *Cours d'économie industrielle*, 1838-39, Mathias, page 35.
(3) Blanqui, *ibid.* p. 17.

principe, mais disposé à espérer mieux dans l'application, si cela était possible.

Cette hésitation a, frappé l'économiste Courtois qui, jugeant Blanqui dans le *Journal des Economistes* (1892), lui faisait le reproche de ne pas avoir été toujours très « profond » et d'avoir quelquefois modifié son opinion, notamment sur « la liberté des banques », opinion qui différa du tout au tout, du milieu à la fin de février 1848 (1).

I. *La condition des classes ouvrières en France pendant l'année 1848.* — *Introduction.* — Le livre de Blanqui débute par un chapitre d'introduction intéressant à examiner. Ce chapitre résout la question de savoir quelles sont les principales causes des troubles de 1848 et à quelles régions ils se sont étendus ? Il énonciation le problème qu'il lui faudra résoudre dans son livre et traite de l'augmentation indéniable du paupérisme en même temps que de la richesse nationale. Il pose enfin le problème de l'amélioration du sort des classes pauvres.

a) Les troubles de 1848. — 1re cause. — Froissement des lois économiques. - Blanqui bien classique avec une tendance réaliste. — C'est à tort qu'on a berné les travailleurs en leur faisant croire qu'il était possible, du jour au lendemain, de changer « les lois éternelles qui régissent l'ordre social » (2).

Il ne faut plus de ces idées fausses qui se répandent et trompent l'ouvrier tout le premier, car une nation

(1) A. Courtois, *Journal des Economistes*, nov. 1892, p. 278.
(2) Blanqui, *Classes ouvrières*, tome I, page 6.

ne pouvant vivre seule, ne peut rester « maîtresse de ses conditions de travail, ni se soustraire à la loi universelle » (1). Aussi, faut-il, avant tout, bien examiner la question des débouchés et ne pas « créer à tort et à travers de nouvelles industries » (2).

Cela ne suffit pas, il faut se débarrasser de cette « législation économique » faite pour d'autres temps (3). Blanqui entend évidemment, les mesures prohibitionnistes qui n'ont pas complètement disparu, et cette idée qui subsiste encore que chaque peuple « veut seul produire pour lui-même » (4).

La liberté acquise du travail est intangible, à son sens et dès qu'on a voulu y attenter en 1848, « des perturbations terribles se sont produites » (5). Augmentons donc encore la liberté sous toutes ses formes, et ayons soin de ne jamais toucher aux mesures libérales acquises !

Mais, dans sa critique de ces idées faussement répandues en 1848 dans la classe ouvrière, il se sert, pour les réfuter, d'arguments qui sembleraient sortis de la bouche d'un parfait réaliste : Il faut, dit-il, « réduire à leur juste valeur toutes ces idées fausses qu'on répand et qui abusent l'ouvrier. Il convient d'ex-

(1) Blanqui, *Classes ouvrières*, tome I, page 14.
(2) Blanqui, *ibid.* page 17.
(3-4) Blanqui, *ibid.* page 17.
(5) Blanqui, *ibid.* page 24.

poser le véritable état des travailleurs, il faut différencier ces travailleurs : l'ouvrier d'usine du paysan libre et au grand air. Différencier les pays : le Nord du Midi. **Il faut faire des catégories de tout** » (1).

Bien classique, avec une tendance réaliste : voilà l'aspect sous lequel se montre Blanqui, dans ce début. Nous nous demanderons toutefois comment il concilie ces lois économiques invulnérables et intangibles, et ces catégories qu'il fait en toute chose. Si les lois économiques ne peuvent varier, il est inutile de faire des catégories, et si des catégories doivent exister, l'inanité des lois toujours absolues semble évidente. Cette contradiction, que Blanqui n'aperçoit pas, nous semble des plus intéressantes à noter.

b) 2e et 3e Causes : Création des chemins de fer. — Armée et marine. — Une première cause de la crise actuelle, est la création des chemins de fer qui ont accaparé de nombreux capitaux. Toutefois ce mal disparaîtra rapidement et se transformera en un immense bienfait. Il faut citer comme 2me cause l'entretien exagéré en temps de paix des armées de terre et de mer, entretien qui retire à la France industrielle de grosses ressources (2).

4e Cause : Idées dites socialistes. — Il faut citer aussi, comme un des motifs de la perturbation économique en France, la propagation dans les grands centres

(1) Blanqui, *Classes ouvrières*, tome I, page 6.
(2) Blanqui, *ibid.* page 17.

« des nouvelles doctrines dites Socialistes » (1). Ces doctrines avaient habilement, dit Blanqui, généralisé quelques observations de détail, puis s'étant répandues à la tribune, dans les livres, les journaux, les clubs, étaient parvenues à porter leurs ravages dans la classe laborieuse (2).

Quel mal aussi n'a pas été créé par les fameux ateliers nationaux, « ce refuge de tous les oisifs » ainsi que, par ce prétendu « droit de souveraineté populaire et de vote » qui faisait croire à l'ouvrier qu'il était maître de tout faire et de tout changer (3).

c) A quelles parties de la France se sont étendus les ferments de désordre de 1848. — Cette contagion, n'a pas franchi « le rayon des villes de fabrique », il n'a jamais atteint les champs (4) et « c'est à tort qu'on a confondu la nation entière » avec ces quelques villes (5).

En outre, le désordre n'a pas été aussi violent dans toute la France, car dans les différentes parties du territoire, les conditions économiques ne sont nullement les mêmes.

C'est de Paris, qu'est partie l'insurrection et elle a englobé rapidement Lyon, Rouen, Lille et Saint Etienne, villes dont la « physionomie économique » est à peu près identique (6).

(1) Blanqui, *Classes ouvrières*, tome I, page 17.
(2) Blanqui, *ibid.* pages 21 et 31.
(3) Blanqui, *ibid.* page 24.
(4) Blanqui, *ibid.* page 31.
(5) Blanqui, *ibid.* page 24.
(6) Blanqui, *ibid.* page 29.

Elle a, au contraire, fort peu touché le Midi, notamment Marseille et Bordeaux, villes économiquement privilégiées (1).

Lyon, Rouen et Lille se donnent la main, tant par l'insalubrité des logements que par l'énorme concentration des ouvriers renfermés dans les usines et exposés à toutes les mutilations qu'occasionne l'emploi des machines (2).

Bordeaux et Marseille, au contraire, sont dans des conditions meilleures de salubrité. Le travail est moins concentré et grand nombre d'ouvriers travaillent en plein air. L'habitude des promenades et le grand air tient lieu des déplorables stations dans les cabarets, si néfaste dans la région du Nord (3).

La fin du premier tome et une partie du tome second des « *Classes ouvrières* » sera l'examen détaillé de ces divers centres d'industrie en commençant par Rouen, puis Lille, Lyon et sa région et enfin le Midi avec Bordeaux et Marseille.

II. *Exposé des réformes à accomplir.* — L'exposé des réformes à faire constitue la troisième partie de l'ouvrage de Blanqui.

C'est la partie la plus intéressante de l'ouvrage ; c'est là que nous découvrons la pensée de Blanqui sur les différentes questions qu'il vient d'examiner et les ren-

(1) Blanqui, *Classes ouvrières*, tome I, page 31.
(2) Blanqui, *ibid.* page 29.
(3) Blanqui, *ibid.* page 31.

seignements qu'il nous fournit sont des plus intéressants. Cet exposé est fait sous forme de sept questions, qu'il pose et résoud successivement.

Première question : Quelle est l'éducation physique et morale des enfants d'ouvriers ? (1)

C'est la première question qu'il envisage. C'est celle qui, avec la réforme des logements, est la première à appeler l'attention et « les sévérités de la loi » (2). Tant que cette double question n'aura pas été sérieusement examinée, rien n'est à « espérer pour l'amélioration physique et morale des classes ouvrières » (3).

Nous rangerons dans la troisième question l'état et la réforme des logements. Ne nous occupons pour le moment que de ce qui a trait aux enfants.

a) Les enfants. - La Normandie a beaucoup souffert et a été minée par ce mal (4).

Le département du Nord, et Lille en particulier, en ont également souffert, exception faite toutefois pour les faubourgs et les environs des villes manufacturières, dans lesquelles la situation des enfants, femmes et hommes, est bien meilleure. Le Midi a, lui aussi, bien moins souffert que le Nord, dans l'état et la situation physique et morale des enfants (5),

A Lyon, « l'enfant devenu apprenti est presque abandonné à lui-même », au moment où il aurait si grand

(1) Blanqui, *Classes ouvrières*, tome II, page 197.
(2-4) Blanqui, *ibid.* tome I, page 75.
(3) Blanqui, *ibid.* tome I, page 70.
(5) Blanqui, *ibid.* tome I, page 106.

besoin de surveillance. Bien des désordres de la rue, sont, il faut le dire, le fait de ces gamins de Lyon et Paris, toujours les premiers pour le trouble et la révolte (1).

A Bordeaux, situation bien meilleure ; les enfants ont toujours une chambre séparée de celle de leurs parents (2) ; à Marseille, situation analogue avec cette différence que les enfants vont moins régulièrement à l'école que les jeunes bordelais et vivent d'une existence « plus errante » (3).

En un mot, on peut répondre que l'éducation véritable des enfants n'existe pas en France. Qu'a-t-on fait pour les enfants ? Depuis 1833, il y a bien l'*instruction* primaire; mais, ce n'est nullement l'*éducation*, et cette instruction a même été annihilée par le développement extrême des manufactures qui ont accaparé tous les enfants (4).

Contre ce dernier mal, qu'a-t-on fait ? On a édicté la loi de 1841; elle devait parer à ces maux, mais elle n'est point exécutée (5).

Puis sont venus les décrets de 1848. Il était naturel d'y applaudir, car ils promettaient des conditions meilleures au travail de l'enfance et ménageaient davantage les forces des « **Adultes** ». Malheureusement, ils allaient

(1) Blanqui, *Classes ouvrières*, tome II, page 154.
(2) Blanqui, *ibid.*, tome II, page 172.
(3) Blanqui, *ibid.*, tome II, page 187.
(4) Blanqui, *ibid.*, tome II, page 198.
(5) Blanqui, *ibid.*, tome II, page 201 et 202.

trop loin. Il faut citer surtout le décret du gouvernement provisoire qui fixait 11 heures pour la province et 10 heures pour Paris ! (1).

Maintenant, l'enfant est toujours aux prises avec ce double fléau, l'habitation dans des logements délétères d'une part, et le manque absolu d'éducation physique et morale dû surtout au travail prématuré et trop long dans les manufactures. Rien à espérer tant qu'on ne sera pas intervenu sur ces points (2).

b) Les femmes: mais Blanqui ne s'arrête pas aux enfants, il dit aussi :

« Je ne crains pas d'affirmer ici, *quelque clameur qui puisse advenir*, que la pensée constante, énergique et résolue du nouveau système manufacturier devra être d'exclure peu à peu les **femmes** et les enfants des ateliers agglomérés et de n'y laisser que des hommes » (3).

Sa pensée est donc bien claire : écarter peu à peu les femmes et les enfants des manufactures. Quant à ces derniers, il faut s'emparer d'eux et veiller avec constance et énergie à ce que non-seulement ils échappent au travail de l'atelier qui le tue, mais encore à ce qu'ils n'habitent que des logements sains et aérés, et soient soumis dans les écoles à un enseignement plus efficace et plus moralisateur (4).

(1) Blanqui, *Classes ouvrières*, tome I, page 59.
(2) Blanqui, *ibid.*, tome II, pages 202 et 203.
(3) Blanqui, *ibid.*, tome II, page 218.
(4) Blanqui, *ibid.*, tome II, page 206 et 253.

IIe question : Quel est sur les mœurs et le bien-être des ouvriers, l'influence de la vie de famille, de l'esprit religieux et des lectures auxquelles ils se livrent habituellement ?

Cette deuxième question, à laquelle il faudra rattacher les points ayant trait aux clubs, meneurs, journaux et enseignement, paraît au premier abord très complexe. Toutefois l'intérêt qui s'en détache n'est pas très important pour notre travail, car nous n'avons guère à y trouver des mesures interventionnistes.

(*a*) Meneurs, clubs, brochures. — Rouen a énormément souffert des idées nouvelles répandues dans de mauvaises brochures et colportées par quelques meneurs. C'est un tort, dit Blanqui, « que d'avoir soufflé chez les ouvriers l'esprit de sédition et de vertige au lieu de leur avoir fait comprendre les causes si simples et si naturelles, de la crise qui pesait sur le travail à la suite d'une commotion révolutionnaire soudaine » (2).

Vraiment de semblables paroles nous remplissent d'étonnement sous la plume d'un homme si pratiquement sensé. Il aurait donc suffi de faire comprendre les causes si simples et si naturelles de cette crise, à des malheureux qui manquaient de tout et souffraient de la plus profonde misère pour faire taire, à la fois, et leur faim et leurs menaces !

Vraiment le remède était facile et nous devons ironi-

(1) Blanqui, *Classes ouvrières*, tome I, page 46.

quement regretter qu'il n'ait pas été employé en la circonstance, persuadés que nous sommes que dans les crises les plus violentes, il est généralement plus facile de trouver de loquaces rhéteurs que de bienveillants boulangers !

Quoiqu'il en soit, les « extravagances » du gouvernement provisoire, la création des ateliers nationaux et autres utopies (1), ont été funestes aux ouvriers et à l'industrie, et les questions les plus graves de l'Économie politique ont eu le plus grand tort d'être délogées de l'Académie, qui seule pouvait les traiter, pour être répandues et colportées au sein des classes ouvrières par quelques fauteurs de troubles, escortés de colporteurs de brochures mauvaises et pernicieuses (2). Rouen a souffert énormément de cet état de choses, et il n'est pas jusqu'à ces malheureux révoltés rouennais, que Blanqui interrogeait dans leur prison et qui visiblement entraînés à la révolte « par des prédications criminelles » lui répondaient avec assurance que le malheur de leur situation tenait à l'emploi dans les mêmes manufactures qu'eux de travailleurs étrangers » (3). Tandis qu'Elbeuf était touché du même mal que Rouen, Louviers échappait à la contagion, grâce à l'esprit de famille plus développé et au respect de la propriété (4). Le même vent d'insurrection a soufflé à Lyon, qui possède « plus de 200

(1) Blanqui, *Classes ouvrieres*, tome I, pages 46 et 47.
(2) Blanqui, *ibid.* tome I, page 49.
(3) Blanqui, *ibid.* tome I, page 64.
(4) Blanqui, *ibid.* tome I, page 67.

clubs » ; où parlent chaque jour des « orateurs de carrefours », véritables prédicateurs de séditions que l'on écoute d'ailleurs comme des oracles (1).

A Saint-Etienne, d'autres prétentions se sont manifestées et des gouvernements d'ouvriers se sont établis à raison de un par puits (2).

Le Midi a été bien moins touché par ce vent d'insurrection, et à Bordeaux on n'a vu « ni processions d'ouvriers, ni émeutes, ni sociétés secrètes, ni journaux incendiaires » (3). Ne serait-ce, tout ce bruit de tumulte parti du Nord « sur les ailes de la presse périodique » et le Midi aurait été complètement épargné (4).

Bref, une grande partie du mal revient à des meneurs, « étudiants sans valeur, commis sans instruction, oisifs sans carrière », mais de véritable peuple dans tous ces mauvais parleurs, point (5).

(*b*) Mœurs, vie de famille, bons livres, enseignement religieux. — Si l'on envisage maintenant les mœurs, il y a la même différence entre le Nord et le Midi.

Dans le Nord, les ravages de l'immoralité s'accroissent de jour en jour, l'ivrognerie et les mauvaises passions y font, sans cesse, plus de mal (6), la vie de famille n'y existe pas : l'absence de la femme du foyer

(1) Blanqui, *Classes ouvrières*, tome II, page 150, 151, 152.
(2) Blanqui, *ibid.* tome II, page 162.
(3) Blanqui, *ibid.* tome II, page 173.
(4) Blanqui, *ibid.* tome II, page 181.
(5) Blanqui, *ibid.* tome II, page 1882.
(6) Blanqui, *ibid.* tome II, page 191.

domestique, et l'insalubrité des logements, en sont la cause dominante (1).

Quant aux distractions et à la vie de famille, c'est la même différence.

Dans le Midi, « la vie de famille est plus habituelle, l'influence de la femme presque toujours dominante ».(2)

La classe ouvrière est vraiment patriarchale à Bordeaux, son caractère est grave et essentiellement moral, avec un sentiment délicat des convenances et une grande dignité (3).

Quoi de plus noble que cette école spéciale très fréquentée des ouvriers adultes, dont l'instruction première a été négligée, et qui leur permet de faire de rapides progrès (4).

Les distractions des ouvriers de Marseille sont des plus réconfortantes pour le corps et l'esprit. Chacun d'eux cherche à posséder une petite maison de campagne pour y passer les dimanches (5) et si quelques clubs sont fréquentés, ils ne sont que des sortes de cercles, munis de petites bibliothèques intéressantes fort bien pourvues de bons livres (6).

Le gouvernement devrait encore favoriser ce développement intellectuel en fondant des écoles d'écono-

(1) Blanqui, *Classes ouvrières*, pages 208 et 211.
(2) Blanqui, *ibid.* page 168.
(3) Blanqui, *ibid.* pages 172, 173 et 174.
(4) Blanqui, *ibid.* page 172.
(5) Blanqui, *ibid.* page 187.
(6) Blanqui, *ibid.* pages 188 et 189.

mie politique au nombre de 2,000 en Angleterre et encore inconnues en France (1).

Il faudrait compléter l'enseignement moral de l'enfant, trop imparfait et réduit aux quelques leçons religieuses qu'il reçoit de la paroisse.

Il est du reste regrettable que personne « ne lui parle plus de religion ni de morale » (2).

Bref, il faut fortifier pour tout le monde, dans les grandes villes, l'esprit et la vie de famille ainsi que les sentiments religieux, passifs, la plupart du temps. La campagne a seule gardé ces bons sentiments disparus « au contact de l'air méphitique des caves de Lille et des greniers de Rouen » (3).

Il serait bon de lutter contre l'usage abusif du tabac, qui abrutit et appauvrit (4).

Il faudrait enfin, pour affaiblir l'habitude des mauvaises lectures et des journaux violents, créer à des prix peu élevés « de bons livres appropriés à l'état des connaissances des ouvriers ». Ces livres pourraient être publiés et vendus à très bon compte sous les auspices de l'Etat (5). Quant au développement de l'esprit de famille, il dépend surtout de la condition des femmes. Dans le Nord, où toutes femmes travaillent à la manufacture, la vie de famille a complètement dis-

(1) Blanqui, *Classes ouvrières*, page 158.
(2) Blanqui, *ibid.*, page 199 et p. 205.
(3) Blanqui, *ibid.*, pages 208 et 210.
(4) Blanqui, *ibid.*, page 209.
(5) Blanqui, *ibid.*, tome II, pages 210 et 211.

paru ; dans le Midi, au contraire, elle a subsisté grâce à la présence continuelle des femmes au foyer domestique (1). Concluons donc avec Blanqui, qui l'a d'ailleurs formellement déclaré dans la question précédente, que la France tirerait le plus grand profit de l'abolition du trvail des femmes dans les manufactures. C'est, on le voit, aller loin dans la voie des réformes interventionnistes.

IIIe question Quel est l'effet des diverses professions sur la santé et le caractère des populations ouvrières ? (2)

Puisqu'il s'agit de la santé des ouvriers, nous traiterons ici cette question spéciale des *logements,* si importante pour notre auteur.

(*a*) Les logements. — La santé des ouvriers des manufactures, et particulièrement des enfants, laisse à coup sûr, beaucoup à désirer et la principale cause en est l'insalubrité des logements.

La Normandie et Rouen en particulier ont beaucoup souffert de ce mal et les greniers qui servent la plupart du temps d'habitations à des familles tout entières sont des plus nuisibles à leur santé et à celle des enfants (3). Une intervention des plus énergiques s'impose immédiatement et la loi doit se montrer très sévère (4).

(1) Blanqui, *Classes ouvrières,* tome II, p. 211.
(2) Blanqui, *ibid.,* pages 197 et 198.
(3) Blanqui, *ibid.,* tome I, pages 69 et suivantes.
(4) Blanqui, *ibid.,* tome I, page 75.

A Lille, les habitations ouvrières sont peut-être encore plus insalubres et pernicieuses qu'à Rouen et les descriptions de Villermé et Blanqui sur « les caves de Lille » nous fixent suffisamment sur ce que peuvent être ces affreux taudis (1). Il faut assainir tous ces quartiers en les expropriant ainsi qu'on vient de commencer à le faire (2).

A Lyon, ce ne sont plus des caves ou des greniers, mais un entassement sous une même soupente de lits et de grabats où couchent pêle-même, les petits patrons et les ouvriers, « dans une promiscuité des plus funestes pour les mœurs » et pour la santé (3).

Tel est l'état des habitations dans le Nord de la France et à Lyon.

On en comprend la fatale influence sur la santé des travailleurs.

Dans le Midi et notamment à Bordeaux, il n'en est pas de même, et les logements sont « plus sains, plus vastes, mieux meublés » (4).

C'est tout bénéfice pour la santé et le développement de l'esprit de famille.

Quelle est maintenant l'influence produite sur la santé et le caractère des ouvriers par les diverses professions ?

(1) Blanqui, *Classes ouvrières*, tome I, pages 97 et 99.
(2) Blanqui, *ibid.*, tome I, page 99.
(3) Blanqui, *ibid.*, tome II, page 134.
(4) Blanqui, *ibid.*, tome II, pages 168 et 172.

(*b*) Influence des professions sur la santé. — La situation des ouvriers sur ce point s'est améliorée et presque tous les travaux sont devenus inoffensifs.

Seuls, quelques travaux sont restés quelque peu dangereux : à citer le battage et l'épluchage du coton, le tissage à bras, ainsi que le battage et l'époussetage du lin. L'humidité nécessaire à la filature du lin, ainsi que celle qui résulte de l'industrie des impressions au rouleau où les ouvriers, rinçant les pièces à l'eau courante, ont habituellement les mains et les pieds dans l'eau, est encore malheureusement de nos jours, un obstacle à la parfaite santé de l'ouvrier (1).

c) Influence des professions sur le caractère. — Il est incontestable que la diversité des professions a une influence certaine sur le caractère des classes ouvrières.

Toutefois, il paraît fort difficile d'assigner à cette influence des limites bien précises, quand on songe que dans une même industrie, on rencontre des ouvriers au caractère turbulent et difficile et à côté d'eux des travailleurs sages et silencieux (2).

L'agglomération n'est pas, non plus, la seule cause de l'effervescence des idées chez les ouvriers, et la preuve en est, que les ouvriers de Lyon, les moins agglomérés et vivant en petits ateliers, sont ceux dont le caractère est le plus difficile (3).

(1) Blanqui, *Classes ouvrières*, tome II, pages 215 et 216.
(2) Blanqui, *ibid.*, page 219.
(3) Blanqui, *ibid.*, page 220.

Les diverses professions exercent donc sur les caractères certains effets d'ordres différents, mais une classification à ce sujet ne peut être faite.

IVe question : Quelles sont les causes économiques auxquelles on doit attribuer le malaise de ces populations. Ces causes sont-elles différentes pour les populations manufacturières et pour les populations agricoles (1) ?

Cette 4e question est entre toutes les autres une des plus importantes. Quelles sont les causes « économiques », écrit, en effet, Blanqui. Dans la recherche de ces causes, nous pourrons apprécier le fond de sa pensée en matière ouvrière.

Examinons, d'abord, son opinion sur cette question dans le tableau qu'il fait successivement de l'état industriel des villes de Rouen, Lille, Lyon, Bordeaux et Marseille.

(*a*) Rouen et la Normandie. — Pour Rouen et la Normandie, il y a économiquement trois sources profondes du mal.

1° L'excès du développement manufacturier, dû à l'imprévoyance des fabricants qui produisaient au hasard, ne se méfiant nullement du terrible mal que devait engendrer la surproduction (2), pas plus que de la concurrence mortelle qui leur était faite par la découverte de nouveaux moyens de production plus perfectionnés.

(1) Blanqui, *Classes ouvrières*, tome II, page 198.
(2) Blanqui, *ibid.* tome I, page 43 et 44.

Trois sortes de métiers, en effet, fonctionnent encore à Rouen, dans l'industrie du coton. Les vieux métiers démodés, puis les métiers mécaniques mais non encore au courant des nouvelles découvertes, et enfin les métiers établis dans des usines montées sur un pied formidable et réalisant les plus récents perfectionnements. Les premiers et même les seconds, ne peuvent, bien entendu, lutter avec les troisièmes et le maître doit se contenter de gagner fort peu, tant qu'il ne réduit toujours pas les salaires de l'ouvrier (1). Or ce dernier préfère encore au chômage le salaire le plus modeste (2). Hélas ! répond Blanqui, « la loi de croissance et de transformation est douloureuse et inévitable » et nul ne peut s'y soustraire (3).

2° La seconde source du mal est évidemment le déclassement de la population qui a suivi le développement anormal de la grande industrie. Ils sont légion les ouvriers des champs qui ont quitté la campagne pour venir s'embaucher dans les villes de manufactures, et préparer les crises de surproduction et les terribles chômages qui en découlent (4).

3° Enfin pour mettre un comble à tous ces maux, « les extravagances » du gouvernement provisoire dont nous

(1) Blanqui, *Classes ouvrières*, tome I, page 43 et 44.
(2) Blanqui, *ibid.*, tome I, page 45.
(3) Blanqui, *ibid*, tome I, page 53 et 54 : Un moyen pour ces travailleurs à métiers surmenés serait de travailler à la campagne où ils pourraient vivre d'un faible salaire.
(4) Blanqui, *Classes ouvrières*, tome I, p. 43 et 44.

avons déjà parlé au chapitre des meneurs et des clubs, ont aggravé le mal en accumulant comme à plaisir les mesures mauvaises et utopiques. Parmi celles qui ont fait le plus de mal il faut citer :

a) L'établissement pour les salaires de tarifs officiels et uniformes.

b) L'attentat à la liberté du travail par des essais de suppression du travail à la tâche.

c) Et, enfin, la réduction des heures de travail pour toute la France (1).

Il faut reconnaître toutefois, que sur ce dernier point Blanqui admet que l'industrie cotonnière fournit des salaires vraiment trop insuffisants et qu'il est parfaitement compréhensible qu'on « ait applaudi à une mesure qui ménageait l'enfant et même les adultes » (2). Malheureusement, on l'a vu, il regrette que l'on ait été aussi loin et ainsi dépassé le but.

Envisageant la mesure qui a établi des tarifs officiels et uniformes pour toute la France, notre économiste n'hésite pas à la condamner, et à déclarer qu'il n'est pas possible d'édicter des tarifs uniformes en présence de la diversité si grande des différents métiers et même des classes diverses d'employés dans les mêmes métiers : N'y a-t-il pas pour la seule industrie du filage, les fileurs, les cardeurs, les rattacheurs, les bobineurs, les encolleurs, etc.... tous différents quant à leur travail

(1) Blanqui, *Classes ouvrières*, tome I, p. 51.
(2) Blanqui, *ibid.*, tome I, p. 59.

et dont le salaire est modifiable encore, d'après la vélocité du moteur qui actionne leurs métiers (1).

Telles sont les trois principales causes économiques qui ont fait tout le mal à Rouen et dans la Normandie. Heureusement, « le mal est concentré » (2) et ne s'est guère étendu qu'aux grands centres de production (Rouen principalement, mais aussi Lyon, St-Etienne et Lille), sans qu'on puisse dire cependant que « l'action corrosive exercée par les grands foyers de production » ne se soit pas étendue dans d'autres milieux manufacturiers moins importants, comme Elbeuf (3), tandis que d'autres, comme Louviers, n'étaient pas atteints, et étaient sauvés par l'esprit de famille et de propriété plus développé. Il y a, conclut Blanqui, « une véritable loi du progrès moral et les causes les plus favorables à ce progrès sont évidemment la juste proportion existant entre le nombre des habitants et la quantité de terre destinée à les nourrir, la certitude du travail, la plus grande fixité au travail, l'éducation plus complète des enfants, les habitudes, de tempérance, d'ordre et d'économie » (4).

Toutes ces causes de progrès sont absentes dans la Seine-Inférieure et remplacées par leur propre antithèse et nulle part l'agglomération extrême de la population n'a amené plus d'insalubrité dans les logements, plus

(1) Blanqui, *Classes ouvrières*, tome I, pages 56 et suivantes.
(2) Blanqui, *ibid.*, pages 60 et suivantes.
(3) Blanqui, *ibid*, page 67.
(4) Blanqui, *ibid.*, page 68.

d'incertitude dans le travail, plus d'abandon et d'abus des enfants (1).

En véritable libéral qu'il est, notre auteur ne voit guère le moyen d'enrayer ces maux. Toutefois, sur deux points, il est nettement pour une intervention immédiate. C'est l'intervention de l'autorité contre les logements insalubres et en faveur des enfants. Il va même jusqu'à désirer la suppression totale de l'emploi des femmes dans les manufactures, et reconnaît, en fin de compte, qu'on avait, dans une certaine mesure, raison d'applaudir à une loi qui ménageait les forces des adultes. Nous sommes dorénavant fixé sur la nature et l'étendue de ses idées sur ces questions.

b) Lille et le département du Nord. — C'est à Lille que l'on voit la plus grande misère à côté de la plus grande opulence. Le département du Nord, quoique très avantageusement partagé au point de vue des routes, des canaux, de la richesse du sol, de la proximité d'une frontière souffre d'un malaise tel qu'il y a lieu de se demander si « il entre dans une période de transformation ou de décadence et s'il faut considérer cette crise comme la conséquence naturelle d'une organisation vicieuse de l'industrie française, ou comme un simple contre-coup des graves événements qui se sont accomplis depuis une année » (2).

De belles usines se sont fondées et n'ont pas tardé

(1) Blanqui, *Classes ouvrières*, tome I, p. 69.
(2) Blanqui, *ibid.*, tome I, pages 82, 83, 85.

à s'effondrer, uniquement parce que « la consommation n'a pas répondu à la fièvre de la production » (1).

Quant aux logements, ces caves sordides, dont nous avons parlé, ils n'ont pas peu contribué au malaise général. L'ouvrier habillé de haillons est privé de nourriture, tandis que les prisonniers, bien habillés, bien logés et bien nourris, se prélassent dans la douce oisiveté qu'a ordonnée la décision abolissant le travail dans les prisons (2).

Le problème économique se trouve donc tout entier dans les propositions suivantes :

Une usine s'élève, une population très dense vient aussitôt se grouper autour d'elle, et bientôt des salaires instables ne tardent pas à plonger tout le monde dans la misère (3).

Or, convient-il de « laisser indéfiniment à l'arbitrage de chaque fondateur d'usine le droit de laisser errer à l'aventure le flot des ouvriers ? Est-ce prudent? La Société n'a-t-elle rien à apprendre à ces ouvriers sur le meilleur emploi de leur intelligence et de leurs aptitudes ? » (4).

La Société intervenant auprès des fondateurs d'usines et auprès des ouvriers au moment où ils pensent à s'embaucher, voilà des paroles qui sont à noter et qui

(1) Blanqui, *Classes ouvrières*, tome I, page 96.
(2) Blanqui, *ibid.*, page 99.
(3) Blanqui, *ibid.*, page 105.
(4) Blanqui, *ibid.*, page 106.

jettent un jour des plus lumineux sur les secrètes pensées de Blanqui libéral!!

Mais voici qu'aussitôt réapparaît l'économiste classique, quand il se demande si tout ce mal ne peut être attribué « au système prohibitif, qui assurait la prospérité de l'industrie du coton par exemple et faisait que nulle part les ouvriers n'étaient plus malheureux » (1). Il est permis de se demander, toutefois, si les ouvriers auraient été plus heureux si faute de protection, c'est Blanqui qui le reconnaît lui-même, l'industrie du coton, loin de prospérer, avait périclité et laissé sans travail un nombre encore plus considérable d'ouvriers !

De même qu'à la fin de ses observations sur Rouen et la Normandie, Blanqui concluait que le mal industriel était heureusement circonscrit aux grands centres industriels, de même il admet que cette crise funeste se réduit à quelques industries, celle des tisserands en particulier.

Ces industries, en effet : plus elles sont condamnées à produire, plus il y a de risques pour les patrons et de chômage pour les ouvriers (2). Chez les ouvriers charpentiers et du bâtiment, au contraire, qui accomplissent des travaux de première nécessité, le mal est bien moins grand. Leur situation au lieu d'empirer s'est plutôt améliorée (3).

On a eu tort depuis 1815 de n'encourager que les ma-

(1) Blanqui, *Classes ouvrières*, tome I, page 111.
(2-3) Blanqui, *ibid.*, 114 et suivantes.

nufactures, et de laisser, sans s'en préoccuper, les agriculteurs, les commerçants et les marins qui, quoique vivant d'une existence moins factice et moins orageuse que les ouvriers d'usine, servent autant à l'existence d'un pays (1).

Bref, et c'est la conclusion de Blanqui, il y a eu dans tout cela une « grande loi économique méconnue » (2), à des degrés différents, toutefois, et encore plus délaissée dans le Nord que dans le Midi.

c) Lyon et sa région. — A Lyon, Blanqui découvre un mal économique d'un ordre spécial. C'est la concurrence que les ouvriers de la campagne, qui échappent à la cherté des loyers, de l'entretien et aux droits d'octroi, font à ceux de la ville (3).

Il est d'avis aussi que dans cette ville, où l'industrie des soieries est la plus développée, toute mesure de prohibition serait encore plus funeste que partout ailleurs (4).

Il y a lieu de reconnaître enfin que Lyon souffre de l'éternelle question : les fabricants s'entendent pour maintenir « un prix tel que leurs produits puissent conserver l'accès du marché étranger », les ouvriers d'autre part, s'entendent pour « ne pas accepter les salaires » des fabricants (5).

(1) Blanqui, *Classes ouvrières*, tome I, pages 116 et 117.
(2) Blanqui, *ibid.*, page 119.
(3) Blanqui, *ibid.*, tome II, page 131.
(4) Blanqui, *ibid.*, page 138.
(5) Blanqui, *ibid.*, pages 145 et 146.

A cela, il n'y a guère de remède et surtout il ne faut pas oublier « l'impuissance des armes à résoudre les questions économiques », et troubles et révoltes ne serviront jamais de rien (1).

Pas plus que les armes, d'ailleurs, et l'idée libérale guide ses paroles : l'Etat ne pourra par son intervention résoudre ces questions, car « il faut ne pas oublier que la paternité de l'Etat n'est qu'une fiction, dont il est dangereux d'abuser » (2).

d) Le Midi, Bordeaux et Marseille. — Le travail à Bordeaux est divisé « par portions égales entre les ouvriers de l'architecture, charpentiers, maçons, couvreurs, etc. » (3). Tout le monde s'accorde et tout se passe bien. C'est, dans cette ville, un superbe développement de prospérité que renforcerait encore l'abolition de toutes les mesures « qui vont à l'encontre de la liberté naturelle des transactions et frappent, durement aussi, l'agriculture » (4).

L'auteur s'engage ensuite dans une campagne violente contre tous les droits établis par les ministères depuis Turgot (5).

L'établissement d'une liberté « *progressive* » (et sur ce point nous nous expliquerons dans un chapitre spécial) arrêterait tout à coup le développement de la con-

(1) Blanqui, *Classes ouvrières*, page 146.
(2) Blanqui, *ibid.*, tome II, page 155.
(3) Blanqui, *ibid.*, page 170.
(4) Blanqui, *ibid.*, page 176.
(5) Blanqui, *ibid.*, page 177

currence intérieure. Les travailleurs ne seraient plus poussés vers les industries protégées qui de jour en jour diminuent leurs salaires, beaucoup d'industries se liquideraient d'elles-mêmes et, tout naturellement, les ouvriers iraient chercher d'autres débouchés à leur activité (1).

Tel est le grand vice économique, et tout le mal vient des mesures de prohibition qui subsistent encore. « Les industries se liquideraient d'elles-mêmes, dit Blanqui, les travailleurs ne seraient plus poussés vers l'industrie et chercheraient ailleurs un meilleur emploi de leur labeur. Les choses se passeraient-elles aussi simplement que cela ? il nous est permis d'en douter. Il y a lieu de nous demander encore dans quelle direction les ouvriers devraient se tourner, et si l'industrie tuée par l'absence de toute protection ne pouvait plus les employer, qui les emploierait, et leur fournirait les moyens d'existence ? La situation de l'ouvrier améliorée par la chute des industries jusqu'alors protégées, ce nous semble être une opinion peut-être risquée, en tous cas bien difficile à admettre !

Parlant de Marseille, il forme les mêmes désidérata, et ce qu'il souhaite surtout est l'abolition des quelques restes de compagnonnage qui y subsistent encore (2).

Bref, il faut avant tout chercher dans « la liberté et

(1) Blanqui, *Classes ouvrières*, tome II, pages 179 et 180.
(2) Blanqui, *ibid.*, page 189.

non dans le monopole » l'amélioration de la classe ouvrière.

Le mal vient de « l'exagération de la concurrence, de l'agglomération des ouvriers dans les villes, et du paupérisme qui les tue, de la production illimitée et de la fermeture des débouchés étrangers : or, tous ces maux ne sont que la conséquence inévitable du système restrictif » (1).

Il faut, il importe absolument d'abattre toutes les barrières (2).

e) Résumé de la réponse à faire à la 4e question. (Au point de vue du commerce intérieur et du commerce international : Blanqui bien libéral). — Il faut supprimer le système prohibitif, cause de ces grands maux : l'excès de concurrence (3) les troubles et les longs chômages (Elbeuf) (4).

Avec la liberté, ces maux seront conjurés. Il n'y aura plus jamais de ces monstrueux développements d'une industrie (croissant anormalement grâce à la protection) et, en revanche, il y aura possibilité pour le fabricant de s'assurer tous les marchés étrangers (5).

Avec elle, enfin, l'achat des denrées soit au dedans, soit au dehors, à meilleur marché, permettra à

(1) Blanqui *Classes ouvrières* tome II, page 195.
(2) Blanqui *ibid.*, page 196.
(3) Blanqui *ibid.*, pages 226 et 232.
(4) Blanqui *ibid.*, page 226.
(5) Blanqui *ibid.*, page 236.

l'ouvrier de se contenter d'un salaire moindre, mais qui ne sera plus jamais réduit à néant par les chômages et les crises (1).

f) Résumé de la réponse à la 4e question. (Au point de vue strictement ouvrier : Blanqui est légèrement interventionniste). — Nous avons entendu Blanqui déclarer qu'il admettait les mesures qui ménageaient les enfants et, de ce fait, *les adultes* (2).

Nous l'avons surpris espérant la disparition totale des femmes des manufactures (3) et voici qu'en un autre passage, ses dispositions d'esprit restent encore les mêmes : « Parmi les causes économiques, dit-il, du malaise des classes ouvrières, on a signalé en première ligne la longueur excessive des journées de travail ».

Or, le gouvernement provisoire a édicté 10 et 11 heures. Cette mesure, toutefois, ne lui convient pas, car « il aurait fallu que cette réduction, fût générale et sérieusement obligatoire, **pour être efficace** ». Mais en principe, il n'y est pas complètement opposé, car il ajoute : « Si quelque jour, comme nous le pensons, **l'intervention de la loi est indispensable** dans ces matières délicates, il faudra qu'elle soit franche et qu'elle avoue hautement son but : l'amélioration du sort de l'ouvrier » (4).

(1) Blanqui *Classes ouvrières*, tome II page 237.
(2) Blanqui *ibid.*, tome I page 59 et 60.
(3) Blanqui *ibid.*, tome I page 218.
(4) Blanqui *ibid.*, tome II pages 226 et 227.

Si jamais la durée du travail pouvait être mise d'accord avec l'intérêt de la production, c'est-à-dire si on pouvait trouver une combinaison qui permît « un salaire raisonnable à l'ouvrier et un prix de vente suffisant pour le maintien de l'entreprise », le problème serait résolu (1).

C'est catégorique, c'est formel, Blanqui ne s'oppose pas à la réglementation de la durée du travail même des adultes, il demande seulement qu'un prix moyen ; soit trouvé et fixé, à la fois suffisant à l'ouvrier et au patron.

Comme dernière mesure d'intervention, il demande que **tout projet d'usine nouvelle soit interdit** dans les villes de plus de 20.000 âmes, en un mot, dans les cités où l'agglomération est déjà trop considérable (2).

Cette mesure d'intervention est,elle aussi à noter; elle est fort importante.

g) Ces causes économiques sont-elles différentes pour les populations manufacturières et pour les populations agricoles ?

Nous avons répondu à la partie la plus importante de la question: découverte des causes économiques qui sont le point de départ du malaise dont souffre la classe ouvrière. Il nous reste à répondre à la deuxième partie : ces causes sont-elles les mêmes pour les classes industrielles et les populations agricoles ?

(1) Blanqui, *Classes ouvrières*, tome II, pages 227 et 228.
(2) Blanqui, *ibid.*, page 231.

Blanqui nous indique d'abord que les agriculteurs, ainsi que les ouvriers maritimes, ont moins souffert de la crise que les ouvriers industriels et que ceux-ci ont eux-mêmes plus souffert que les ouvriers qui ont un métier de nécessité première, les ouvriers du bâtiment par exemple (1)

Il nous a dit aussi que les troubles et les idées nouvelles n'avaient guère quitté les grands centres et ne s'étaient guère répandus dans les campagnes (2). Voici donc une cause de malaise qui n'a pas existé pour les agriculteurs. Il n'est pas possible non plus de dire qu'ils aient été atteints par les grandes crises de surproduction, et les diminutions brusques des salaires qui en sont la conséquence.

L'insalubrité des logements et tous les maux qui s'attachent à l'agglomération des grandes cités ne les ont pas non plus touchés et Blanqui a affirmé quelque part qu'on pouvait se contenter à la campagne d'un salaire bien moindre qu'à la ville (3). C'est même cette concurrence des agriculteurs-tisseurs des environs de Lyon qui a amené pour les ouvriers de la ville une décroissance notable des salaires (4). Mais il y a une cause économique de malaise à laquelle les agriculteurs n'ont pas échappé. C'est celle qui ressort des droits

(1) Blanqui, *Classes ouvrières*, tome I, pages 111 et suivantes.
(2) Blanqui, *ibid.*, pages 60 et suivantes.
(3) Blanqui, *ibid.*, pages 53 et 54.
(4) Blanqui, *ibid.*, tome II, page 131.

protecteurs encore établis en France sur les produits agricoles comme sur les produits industriels (1). On a trop négligé, en outre, de s'occuper du sort « des agriculteurs qui font vivre un pays » et on s'est trop uniquement intéressé aux manufactures (2).

Ve Question : *Quelles sont les industries les plus exposées aux chômages et les causes les plus habituelles de ces chômages ?*

Cette question est à peu près englobée dans la précédente et nous avons dit que le chômage était spécial aux grands centres de production (3), que le chômage d'une seule industrie se répercutait sur toutes les autres (4), qu'il était enfin un fruit non de la liberté (5), mais de la surproduction, donc de la prohibition (6). Nous avons ajouté que si la liberté devenait générale, l'ouvrier aurait des chances de chômer moins souvent, et de plus, pouvant acheter à meilleur compte, trouverait dans cette dépense moins grande sur son salaire une large compensation aux chômages « qui atteignent périodiquement sa modeste part du travail général ». (7)

Blanqui, toutefois, sur ce sujet spécial, prend la peine de nous renseigner :

(1) Blanqui, *Classes ouvrières*, tome II, page 176.
(2) Blanqui, *ibid.*, tome I, page 116.
(3) Blanqui, *ibid.*, pages 38.
(4) Blanqui, *ibid.*, pages 85 et suivantes.
(5) Blanqui, *ibid.*, tome II, page 234.
(6) Blanqui, *ibid.*, pages 226 et 234.
(7) Blanqui, *ibid.*, page 237.

« Le chômage périodique moderne est l'œuvre du système manufacturier, et ne doit disparaître qu'avec lui, sous l'empire d'une législation nouvelle (1). Quant à la concurrence créée aux ouvriers par les maisons de détention, concurrence productive du chômage, il ne croit pas cela bien sérieux et déclare qu'il serait d'ailleurs facile d'interdire aux prisons de vendre « au-dessous du prix courant de l'industrie privée » (2).

La question du chômage se résume ainsi : « Combien reste-t-il de travail disponible en France ? » C'est ce qu'il faut connaître avant de savoir combien il sera rémunéré (3). Voilà toute la question du chômage. Toutefois, Blanqui entend encore remonter plus haut et déclare carrément que la question des chômages dépend « des conditions générales de l'industrie dans ses rapports avec l'étranger » et que les « droits établis en France sur les matières premières exercent autant d'influence sur les chômages que le prix du travail même et l'intérêt des capitaux » (4).

VIe Question : *L'association entre ouvriers est-elle un moyen d'améliorer leur sort et existe-t-il des exemples qu'on pourrait utilement imiter?*(5) — Villermé avait déjà été hanté par la pensée des bienfaits que les ouvriers pourraient retirer de l'association bien comprise (6).

(1) (2) Blanqui, *Classes ouvrères*, tome II, page 233.
(3) Blanqui, *ibid.*, pages 235 et 236.
(4) Blanqui, *ibid.*, page 236.
(5) Blanqui, *ibid.*, page 198.
(6) Cette thèse, chapitre II, § 4.

Cette même pensée revient souvent dans les écrits de Blanqui. C'est d'abord, à propos de Fourier, dont il vante les idées et les bénéfices considérables que pourrait retirer l'ouvrier de son association phalanstérienne (1). C'est ensuite en 1846, dans un article du *Journal des Economistes*. Dans ce passage, il affirme que « le salut de la production » tuée par la concurrence illimité est « dans l'association », à laquelle on a toujours recouru dans les moments difficiles (2).

Il faut noter enfin tout le bien qu'il pense des associations, « préconisées par M. de Laborde », dont les opinions sont traitées de « doctrines des plus judicieuses (3) ».

Toutefois ces associations, là ne sont pas ce qu'on appelle à proprement parler des associations d'ouvriers. Les associations d'ouvriers, telles qu'on les prêche aujourd'hui, ne sont qu'un instrument de guerre (4) et ne pourront « élever le niveau habituel de la demande du travail » ni réussir là où les industries riches elles-mêmes périssent (5).

Il n'y a malheureusement nulle part en France d'association d'ouvriers capable de produire de bons effets (6).

(1) Cette thèse, chap. III, § III, sur Fourier IX, et Blanqui, *Histoire de l'Economie politique*, page 465.
(2) Blanqui, *Journal des Economistes*, avril-juillet 1846, tome XIV, pages 260 et 261.
(3) Blanqui, *Histoire de l'Economie politique*, page 444.
(4) Blanqui, *Classes ouvrières*, tome II, page 242.
(5) Blanqui, *ibid.*, page 238.
(6) Blanqui, *ibid.*, page 237.

A citer cependant à Bordeaux deux sortes d'associations profitables aux ouvriers et qui ont donné de bons résultats, mais encore ne sont-ce pas de vraies associations, telles qu'on les entend aujourd'hui.

Elles se composent, d'abord, « des associations de secours fondées par des souscriptions » « pour venir en aide aux ouvriers dans la gêne (1) » puis enfin d'une association fondée par les charpentiers de MM. Chaigneau frères, à Lormont, qui donne des secours aux veuves et aux orphelins de ses membres (2).

VIIe et dernière Question : Quels progrès sont survenus depuis 25 ans dans la condition des ouvriers et quelles ont été les causes de ces progrès ? (3).

Blanqui nous a dit au cours de toute cette étude que la plupart des industries autres que les industries mécaniques tendent à progresser et qu'au contraire, ces dernières tendent à décroître (4). Nous avons remarqué aussi qu'en ce qui concerne l'influence des industries sur l'état de santé des ouvriers, beaucoup d'améliorations s'étaient produites et « que les conditions hygiéniques du travail étaient infiniment meilleures aujourd'hui qu'il y a quelques années ». Les filatures nouvelles de coton sont parfaites au point de vue de l'hygiène (5) et les industries chimiques « ont si bien modifié

(1) Blanqui, *Classes ouvrières*, tome II, page 174.
(2) Blanqui, *ibid.*, page 175.
(3) Blanqui, *ibid.*, page 198.
(4) Blanqui, *ibid.*, pages 115 et 116.
(5) Blanqui, *ibid.*, page 214.

leurs appareils, que la fabrication de la céruse elle-même est devenue presque inoffensive (1).

Bref, « immenses progrès » sur toute la ligne, sauf seulement pour quelques catégories « d'ouvriers du coton », « les tisserands à la main » et beaucoup d'ouvriers lyonnais (2). Ces améliorations tiennent surtout à l'accroissement des salaires, aux progrès de l'assistance, aux caisses d'épargne, crèches, asiles, écoles gratuites, ouvroirs, maisons de retraite et de refuge. Un progrès sensible se remarque aussi dans la nourriture, le logement, les vêtements depuis 25 ans (3). A citer encore le développement bienfaisant de l'instruction primaire (4).

« On peut dire, que la classe ouvrière de France est aujourd'hui la plus aisée de l'Europe » (5), affirme notre auteur, mais, hélas ! il est à regretter que le perfectionnement moral n'ait pas suivi la marche en avant de la fortune matérielle (6).

Un seul mal subsiste, c'est l'incertitude « de la permanence du travail », mais à pareil mal il est difficile de porter remède et c'est folie que de persuader aux ouvriers que l'Etat doit leur « garantir du travail toute leur vie et du repos dans leurs vieux jours », car le « travail ne se décrète pas plus que la consom-

(1) Blanqui, *Classes ouvrières*, tome II, page 216.
(2) Blanqui, *ibid.*, page 244.
(3) Blanqui, *ibid.*, page 245.
(4) Blanqui, *ibid.*, page 244.
(5) Blanqui, *ibid.*, page 247.
(6) Blanqui, *ibid.*, page 248.

mation » et nulle Révolution ne produira rien contre cette invincible loi (1).

« La permanence du travail, termine-t-il, sera un produit du temps et du perfectionnement des lois économiques. Que les travailleurs le comprennent, mais aussi, que les hommes d'État ne s'endorment pas » (2)!

VIII. *Conclusion de la condition des classes ouvrières.* — Quelles sont les réformes les plus importantes demandées dans « la Condition des classes ouvrières »?

Que faut-il faire ?

1° Une législation sur les logements insalubres : causes de mortalité et d'immoralité (3).

2° Une législation pour protéger les enfants employés dans les manufactures. C'est la double réglementation par laquelle, il faut commencer. Ce ne sont pas les seules réformes, mais ce sont les deux plus importantes, les deux qui s'imposent tout d'abord.

§ V. — BREF RÉSUMÉ DES TENDANCES INTERVENTIONNISTES DE BLANQUI.

1° *Avant 1848.* — Nous l'avons dit, avant 1848, Blanqui proposait déjà certaines réformes et professait certaines tendances interventionnistes. Il nous faut noter :

(1) Blanqui, *Classes ouvrières*, tome II, page 249 et 250.
(2) Blanqui, *ibid.*, page 252.
(3) Blanqui, *ibid.*, page 253.

a) Les critiques qu'il fait de Dunoyer, et son appréciation sur la libre concurrence, bonne en principe, mais « pas aussi exempte de reproches », que le prétend cet économiste.

A noter aussi, la différenciation qu'il fait souvent entre la théorie et l'application.

b) Il faut rappeler les critiques qu'il adresse à l'école classique à Malthus, Ricardo, et même à J.-B. Say, ainsi que les éloges qu'il adresse, tout en ne partageant pas entièrement leurs idées, à Sismondi, Saint-Simon, Fourier, et Owen.

c) Dans les années qui ont précédé 1848, il a demandé en outre, une législation protectrice des enfants, et réclamé (en cela d'une opinion contraire à J.-B. Say), l'intervention de l'Etat en matière de travaux publics.

d) C'est à cette date aussi que remonte sa déclaration sur les traités internationaux, comme moyen possible de règlementation de la durée des heures de travail et du repos hebdomadaire.

2° *Après 1848.* — Nous avons dit qu'après 1848, il avait été plus loin encore dans la voie des réformes réglementaires.

a) Il demande de nouveau une législation prompte et énergique en faveur des enfants et exprime même le vœu que femmes et enfants soient définitivement exclus des ateliers.

Il déclare, en outre, parfaitement comprendre que l'on ait, (et sans pour cela s'y associer pleinement), applaudi aux mesures de 1848 qui tendaient à sauver les enfants et à ménager, de ce fait, les forces des adultes.

b) Il réclame l'intervention de l'état, en faveur de l'expropriation des logements insalubres.

c) Il voudrait que la Société se fît la protectrice des ouvriers et fît des efforts pour que tous les travailleurs ne se jetassent pas à corps perdu dans l'industrie manufacturière.

d) Et pour cela et par mesure de salubrité, il faudrait que tout projet d'établissement d'usine nouvelle, fût soumis à l'approbation de l'Etat et que la création en fût interdite dans des centres agglomérés et possédant déjà, plus de 20,000 âmes.

e) Son désir serait aussi que le gouvernement prît des mesures pour empêcher les prisons de vendre des objets manufacturés au-dessous du cours normal de ces mêmes objets, dans les établissements d'industrie privée.

f) Il nous faut enfin, pour terminer et conclure, citer cette phrase qui en dit long sur le fonds de sa pensée :

Si quelque jour, comme nous le pensons, l'intervention de la loi est devenue indispensable — et il parle de la règlementation de la durée du travail — il faudra que l'Etat avoue franchement qu'il agit dans l'intérêt propre de l'ouvrier.

CHAPITRE IV

ROSSI et BLANQUI

---

§ 1. — ROSSI ET BLANQUI ÉTUDIÉS SPÉCIALEMENT SUR UNE IDÉE COMMUNE RELATIVE A LA LIBERTÉ COMMERCIALE.

I. *Introduction.* — Au *Journal des Économistes* de 1841, on peut lire un article de Louis Reybaud où il paraît mettre en doute la véritable sincérité de Rossi en tant qu'économiste libéral.

« C'est une illusion du temps, déclare Reybaud, que de vouloir, en bien des choses, substituer le gouvernement aux individus. M. Rossi s'en est défendu, dans tout le cours de son livre avec rigueur..... A la fin de son travail, au dernier paragraphe, il s'oublie, il fait cette concession à l'esprit du jour. Déjà l'un s'en empare, son autorité sert à couvrir les plus étranges desseins » (1).

(1) *Journal des Économistes*, Louis Reybaud, décembre 1841, mars 1842, tome I, page 197.

Rossi a eu le plus grand tort à son sens, de se laisser entraîner à ce point !

Rossi ne serait donc pas un libéral convaincu ? Il admettrait donc en certaines circonstances, une dérogation aux règles de « l'École », et cette dérogation dans quelle mesure la prônerait-il ? En un mot quelle serait la mesure de ses tendances dissidentes ?

II. *Son cours d'économie politique.* — L'examen attentif de son cours d'Économie politique , au chapitre de la liberté commerciale devait nous renseigner complètement sur ses idées en la matière.

« La liberté commerciale, pose-t-il, d'abord formellement, est le seul principe que la théorie puisse avouer » (1).

Mais, ajoute-t-il, l'espèce humaine s'étant répandue sur le globe et « n'ayant pu se constituer en un seul et même corps politique » (2), « l'État est devenu chose indispensable », et c'est une « abstraction que d'avoir voulu affirmer que le monde n'est qu'un seul et grand marché, un seul grand atelier » (3) alors, qu'en réalité, il y a « autant de marchés que d'États » (4).

D'où, il conclut que « chaque marché doit subir les conditions particulières de l'État où il se trouve placé » (5).

(1) Rossi, *Cours d'Économie politique*, tome II, page 280.
(2) Rossi, *ibid.*, page 280.
(3) Rossi, *ibid.*, page 282.
(4) Rossi, *ibid.*, page 282.
(5) Rossi, *ibid.*, page 283.

Il y a donc lieu d'établir un système différent d'après les États, sans que toutefois « la question de la nationalité puisse altérer les principes de la science » (1).

Rossi entre ensuite dans la nomenclature des différents Etats quant à leur constitution.

a) Dans les Etats *neufs*, les Etats sans histoire, il faut supprimer toute prohibition, toute protection, et la liberté doit rester souveraine maîtresse (2). Toutefois, des exceptions *temporaires* peuvent être bonnes, en faveur d'une industrie spéciale par exemple et dans ce cas un gouvernement fait son devoir en lui venant en aide (3). Mais, encore une fois, de pareilles mesures ne doivent être que temporaires.

Des mesures de protection peuvent enfin être décrétées par raison politique, par exemple quand il s'agit des objets de la guerre et nul ne pourrait en vouloir à un gouvernement qui prohiberait prudemment l'exportation des armes (4) et prendrait certaines mesures de précaution en matière d'exportation de céréales.

Bref, deux ordres d'exception plausibles, les premières économiques pour favoriser une industrie, les secondes, purement politiques ou morales et faites dans l'intérêt des nationaux (5).

b) Quant aux pays *vieux*, soumis depuis longtemps

(1) Rossi, *Cours d'Economie politique*, tome II, page 284.
(2) Rossi, *ibid.*, pages 282 et 297.
(3) Rossi, *ibid.*, pages 297 et 299.
(4) Rossi, *ibid.*, pages 300 et 306.
(5) Rossi, *ibid.*, page 307.

au système prohibitif, Rossi est d'avis qu'il faut les amener à la liberté, mais avec toutes sortes de ménagements, car « la transition est pleine de difficultés et de périls » (1). Ils sont, en effet, importants « les intérêts que le système prohibitif a fait naître » et nul ne peut souhaiter l'écroulement de ces intérêts « avec fracas » (2). Le système prohibitif, dit-il encore, doit périr doucement, « de son propre suicide » (3).

Ces considérations étant posées, il est purement et simplement pour le régime de la liberté qui ne devrait « pas être retardé seulement de 24 heures », si sa chute brusque ne devait entraîner tant de ruines ! (4)

Ce sont ces idées qui ont pu faire que quelques économistes libéraux, et parmi eux Reybaud, se soient mépris sur la véritable portée des opinions de Rossi sur la question de la liberté. Quant à nous, ce point n'est pas douteux.

Rossi, libéral, reste libéral et la légère atténuation qu'il apporte dans l'établissement du système de la liberté n'infirme en rien ses idées. Cette atténuation, nous la rencontrons souvent chez d'autres libéraux tels que Blanqui et Fix.

(1) Rossi, *Cours d'Economie politique*, tome II, page 308.
(2-3) Rossi, *ibid.*, pages 330 et 331.
(4) Rossi, *ibid.*, page 308.

§ II. — BLANQUI ET FIX DEMANDENT COMME ROSSI LA MISE EN PRATIQUE LENTE ET PROGRESSIVE DU SYSTÈME DE LA LIBERTÉ.

I. *Blanqui*. — Dans nombre de passages de Blanqui il nous est donné de relever cette idée. C'est d'abord dans sa *Condition des classes ouvrières* : « Une détente prudente et graduelle du système restrictif», dit-il, préviendrait le dénouement fatal qui attend les grandes industries protégées, car cela arrêterait tout à coup le développement « de la concurrence intérieure, » donc la baisse des salaires (1). On le voit, dans cette réclamation pour la liberté progressive et graduelle, c'est surtout sur le terrain de la concurrence *intérieure*, qu'il pose la base de la réforme.

Dans la *Revue mensuelle d'Economie politique* nous lisons encore: Il y a deux écoles d'économistes, « les propagateurs du système protecteur et les partisans de la liberté *progressive* du commerce » (2). Pour lui, les propagateurs de la liberté du commerce immédiate et rapide, sans ménagements, ne paraissent pas exister, il n'en fait même pas mention.

Même idée donc que Rossi, liberté, mais liberté progressive, pleine de ménagements. Qu'on remarque toute-

(1) Blanqui, *Classes ouvrières*, tome II, pages 179 et 180.
(2) Blanqui, *Revue mensuelle*, 1835, tome IV page 541.

fois qu'il ne fait pas, comme Rossi, allusion à des considérations *politiques et morales* et qu'il ne se livre pas à la différenciation des Etats d'après leur constitution primitive.

II. *Fix*.— Fix présente la même idée dans un article non signé, mais qui, selon toute vraisemblance, doit, d'après Joseph Garnier, lui être attribué.

« Quelque grands que nous paraissent les maux occasionnés par la législation actuelle, dit l'auteur de l'article, nous n'en demandons pas cependant le changement subit et radical. Ce serait une trop forte secousse. Ce que nous demandons, c'est une amélioration graduelle, c'est une liberté *progressive* » (1).

(1) *Revue mensuelle d'Economie politique*, 1833, tome I, page 47.

CHAPITRE V.

FIX (Théodore).

---

§ 1er. — ESQUISSE BIOGRAPHIQUE (1). SES ŒUVRES.

1. *Ses débuts.* — Fix naquit à Soleure (Suisse) en 1800 et mourut à Paris en 1846.

Il ne fit en Suisse qu'un court séjour. Il y exerçait la profession de géomètre arpenteur.

Il vint à Paris où il fut employé à la réfection du cadastre. La connaissance qu'il avait de la langue allemande lui permit de s'occuper de la traduction des ouvrages des économistes allemands. C'était un début dans la carrière des lettres, ça le mettait de plus au courant des principales doctrines économiques et le faisait connaître de plusieurs économistes libéraux avec lesquels il ne tardait pas à se lier d'amitié.

(1) *Dictionnaires d'Economie politique.* — Say — Coquelin et Guillaumin. — *Biographies*, Didot, tome XVII page 783. — Michaud. — Louandre et Bourquelot. *La littérature française contemporaine*, Paris, 1848, tome III, page 409.

II. *Fix économiste.* — Presque qu'inconnu, comme économiste, il entreprenait de fonder en 1833 « *La Revue mensuelle d'Economie politique* » et s'adjoignait comme collaborateurs, d'abord Sismondi, puis dans les deux dernières années 1835, et 1836, les économistes Rossi, Blanqui, Emile Bères.

Les deux premières années de cette revue se ressentent des idées des auteurs allemands et de celles de Sismondi. Sur certains points, Fix se montre presque un dissident. Il ne tarde pas toutefois à modifier ses premières idées économiques et dans les deux derniers volumes de sa revue, ainsi que dans son livre *Observations sur l'état des classes ouvrières* (Paris 1846), il est devenu le pur libéral de « l'Ecole », disciple fervent d'Adam Smith et de J.-B. Say. Il avait échappé à l'influence primitive de Sismondi et s'était rangé à l'avis des libéraux, ses contemporains et amis. (En 1840, un travail de lui avait été couronné par l'Académie.)

Fix, travailleur acharné, actif et aux connaissances très étendues, collaborait à de nombreuses publications, notamment au *Journal des Economistes*, et rédigeait des mémoires pour des entreprises de compagnies privées, en même temps qu'il s'occupait du classement de notes pour des ouvrages de science. Il mourut jeune, à 46 ans, surpris au milieu de ses travaux encore inachevés, « faisant plus que donner des espérances comme économiste, mais même les réalisant » (1).

(1) A. Courtois, *Journal des Economistes*, 1892, page 280.

III. *Son érudition.* — *Son caractère.* — Son érudition était des plus grandes et rare pour les écrivains de cette époque. Connaissant parfaitement l'anglais et surtout l'allemand, Fix n'ignorait aucune des idées des savants allemands sur les différents sujets économiques. Sa bibliothèque, nous apprend Joseph Garnier, était des mieux garnies, et son esprit extrêmement riche de connaissances « était réfléchi et pénétrant, possédant en sagesse ce qui lui manquait en éclat » (1).

Il est juste de lui savoir le plus grand gré d'avoir fondé cette *Revue mensuelle d'Economie politique*, qui vulgarisa cette science parmi les esprits studieux qui la lurent et fit que « la presse quotidienne prêta plus d'attention aux faits de l'ordre économique et invoqua le concours des écrivains capables de l'éclairer » (2).

L'homme privé, nous dit Leclerc, « fut droit et d'une rare intégrité de mœurs. Peu accessible aux illusions et renfermé dans le praticable et le possible », il ne peut être accusé comme on l'a fait injustement : de s'être montré dur dans ses *Observations sur les classes laborieuses*; il fut juste, et ne voulut que le bien (3).

(1) Joseph Garnier, *Dictionnaire d'Economie politique*. Coquelin-Guillaumin, p. 783.

(2) Louis Leclerc, *Journal des Economistes*, août-nov. 1846, tome XV, page 63.

(3) Louis Leclercq, *ibid.*

§ II. — FIX ET LA REVUE MENSUELLE D'ECONOMIE POLITIQUE (1833 ET 1834). — FIX DISSIDENT.

I. *Fix créateur de la Revue.* — En 1833, Fix fondait une revue qu'il intitulait : *Revue mensuelle d'Economie politique.* C'était, pour l'époque, une tentative très audacieuse, et qui devait plus tard porter ses fruits.

Malgré de bons débuts, la Revue tomba vite, n'obtenant pas tout le succès qu'elle méritait. Cet échec doit être attribué à l'ignorance presque totale dans laquelle bon nombre d'esprits, même des plus développés, tenaient à cette époque l'Economie politique comme science distincte et à caractère propre. L'entreprise de Fix était des plus louables, elle était peut-être quelque peu prématurée.

Cette Revue, qui est faite de 5 volumes, dura quatre ans, le premier tome comprend l'année 1833, et les tomes 2 et 3, l'année 1834.

Ces trois volumes portent le titre de *Revue mensuelle d'Economie politique*, publiée par Théodore Fix.

On y trouve un nombre assez grand d'articles de Sismondi, et tous les articles de tête non signés peuvent certainement, d'après Joseph Garnier, être attribués à Fix. C'est dans ces trois volumes que Fix se ressentant de la collaboration de Sismondi et des traductions qu'il avait faites des auteurs allemands, est économiste plutôt dissident que libéral pur et émet sur toutes les questions économiques des idées sur lesquelles il reviendra dans les deux derniers tomes de la Revue ainsi que dans ses articles et ouvrages postérieurs.

Les deux derniers tomes de cette Revue (années 1835 et 1836) portent un titre un peu modifié. La Revue s'intitule alors : *Revue mensuelle d'Economie politique*, par E. Bères, Blanqui, Fix, Rossi, Sismondi, etc...

Les articles de Sismondi deviennent de moins en moins fréquents; son nom, ne figure même plus dans le titre de la Revue de 1836, tome V, et l'opinion de la Revue ainsi que celle de Fix se sont modifiées pour devenir purement classiques. Seules, les deux premières années seront donc intéressantes et nous renseigneront sur les premières idées de Fix en matière économique.

II. *Fix* (Revue mensuelle, 1833 *et* 1834) *est dissident. — Que comprend l'économie politique ? — a*) Prospectus. — Introduction de la Revue. — Dans ce prospectus, Fix entend nous renseigner sur ce qu'il comprend par « Economie politique »: « C'est l'ensemble et la réunion de toutes les connaissances nécessaires pour fonder, affermir et augmenter la prospérité d'un pays. C'est la règle intérieure de la cité ou de l'État » (1). Il pense que c'est un tort que de circonscrire l'Économie politique à « l'étude des procédés et œuvres de

(1) Fix, *Revue mensuelle d'Économie politique*, tome I, page 1.

l'industrie humaine ». Tous les rapports du travail avec les besoins d'un pays et toutes les chances qui influent sur ces rapports, sol, climat, caractère, mœurs, doivent être envisagées dans l'étude de l'Économie oolitique. En un mot, l'Économie politique doit comprendre l'étude de toute l'organisation sociale (1).

b) Premier article. — Chrysologie et Economie politique. — Cette idée, Fix, dans un premier article intitulé « de l'Économie politique », la développe abondamment.

James Stewart avait reconnu, dit-il, « que la production des richesses est un moyen d'assurer la subsistance et le bien-être » d'une nation, mais aussi, il avait aperçu que pour l'existence de ce bien-être, d'autres considérations devaient entrer en ligne de compte et influer de façon notable sur la production et surtout la répartition des richesses. Parmi ces considérations il y avait lieu de citer « le sol, le climat, la position géographique, les institutions, le caractère national », etc., etc. (2).

Pour Fix, qu'était Smith ? Smith était le véritable créateur de la « chrématistique » ou *chrysologie* (science des richesses), mais non pas de l'économie politique, dont la chrysologie n'est qu'une branche.

La chrysologie de Smith « traite du travail et de la valeur échangeable » et sa conclusion est « laissez faire,

(1) Fix, *Revue mensuelle d'Economie politique*, 1833, tome I, page 3.
(2) Fix, *ibid.*, page 5.

laissez passer » « devise empruntée aux économistes français de l'École de Quesnay » (1).

Mais ce n'est pas là toute l'Économie politique, et Smith ne l'a nullement prétendu. On le lui a fait dire, il ne l'a jamais dit. Sa seule prétention en écrivant, avec circonspection, « *Recherches* », était de donner un traité de chrysologie (2). Il voulait de cette manière prévenir « l'imputation d'avoir pris la partie pour le tout » (3).

Et Fix, définissant à nouveau sous une autre forme ce que l'on doit appeler l'économie, déclare que c'est une science « qui doit puiser ses domaines dans tous les ordres de faits qui concourent à la prospérité sociale. Elle doit en vérifier les conséquences, contrôler les résultats les uns par les autres et tirer de cet examen les lois de l'harmonie qu'elle se propose de faire régner dans la société » (4).

c) Fix prend parti contre l'école classique. — Ceux qui ont été bien inspirés, au dire de Fix, sont les hommes qui ont compris que les « bases économiques étaient toutes morales » (5) et que c'était dans les institutions, les mœurs et les lois que l'arbre a son tronc et ses racines (6).

Il y a à atteindre, avant la prospérité de l'Etat, « son harmonie et sa durée », ainsi que « le bonheur réel des

(1) Fix, *Revue mensuelle d'Économie politique*, 1833, tome I, page 5.
(2-3-4) Fix, *ibid.*, page 6.
(5) Fix, *ibid.*, page 7.
(6) Fix, *ibid.*, page 15.

citoyens », toutes choses qui ne peuvent résulter que « *du concours de tout* » ce qui contribue à cette harmonie. Pour ce faire, « la coopération de toutes les institutions est nécessaire (1) ». A quoi a-t-on abouti, en France et en Angleterre, en réduisant depuis un demi-siècle toutes les questions d'économie politique à la chrysologie seule (2), si non « aux paradoxes erronés des anglais, MM. Malthus, Buchanam, Ricardo, » qui avaient négligé tout ce qui concernait « *l'économie morale* » des nations (3) ?

Jugeant Sismondi, Fix pense que c'est avec raison qu'il a rétabli « l'empire légitime » de « *l'économie morale* » des sociétés sur leur « *économie matérielle* », de l'harmonie desquelles dépendent toutes les questions de *l'économie politique* (4).

A différentes reprises, d'ailleurs, Fix revient sur cette même idée au hasard de ses articles. Dans une étude qu'il fait sur Say, nous lisons « qu'il y a encore quelque chose qui se rattache à l'économie politique, ce sont « les besoins de l'âme (5) ».

d) Que penser cette opinion de Fix ? — Fix voyait-il faussement sur cette matière, ainsi que le prétendent la plupart de ses critiques, ou, au contraire, son opinion avait-elle une base solide ?

(1) Fix, *Revue mensuelle d'économie politique*, 1833, tome I, page 7.
(2) Fix, *ibid.*, page 15.
(3) Fix, *ibid.*, page 17.
(4) Fix, *ibid.*, page 16.
(5) Fix, *ibid.*, page 141.

Sa division en chrysologie et en économie politique, était-elle, comme le prétend Horace Say, une différenciation faussement établie, « une sorte d'économie morale trop vaguement définie ? » (1).

Leclerc avait-il raison de juger mauvaise sa tendance venue des philosophes allemands à trop élargir « le domaine de l'Economie politique et à lui demander plus que cette science ne peut ou ne doit donner (2) ».

S'il nous est permis de donner une opinion en cette délicate matière, nous serions tenté de dire que la vérité paraît résider dans le juste milieu.

Evidemment, la science économique doit faire entrer en ligne de compte bien des considérations d'ordre politique et même moral. Certainement, et dans une certaine mesure, les lois économiques doivent tenir compte et du caractère des nations, et du climat et du sol et des mœurs des habitants. Mais de là à élargir l'Economie politique et à en faire une science universelle, une sorte de sociologie immense et aux limites non définies, il y a une mesure sage et pondérée dont il faut savoir tenir compte. Bref, il nous paraît que l'Economie politique, sans avoir à élargir son objet qui est de traiter de la production, de la circulation et de la consommation des richesses, doit, pour arriver à son but, tenir un compte plus grand que ne le faisaient les clas-

(1) Horace Say, *Journal des Economistes*, janvier 1854, page 14.
(2) Louis Leclerc, *Journal des Economistes*, août-novembre, 1846, tome XV, page 64.

siques de toutes ces considérations de différents ordres dont Fix nous a donné, à différentes reprises, une énumération plus ou moins complète.

III. — Fix (Revue mensuelle 1833-1834) se montre un dissident sur d'autres points que sur la définition, la nature et le rôle de l'économie politique. — *a*) Fix critique Blanqui et fait l'éloge de Sismondi. — Dans la *Revue* de 1834, nous trouvons un compte rendu critique sur le cours de Blanqui au Conservatoire. Cet article non signé, comme tous ceux de Fix à cette époque, doit lui être attribué, de l'avis formel de Joseph Garnier.

Il reproche d'abord à Blanqui de ne faire qu'un « Cours de chrématistique et de résumer toute l'Economie politique dans la science des richesses (1) ».

Encore une fois, le but de l'Economie politique est moins pour lui « de créer des richesses dans un Etat que de bien distribuer celles qui s'y trouvent », afin d'assurer l'existence de tous les habitants (2).

Plus loin encore, le même reproche est adressé à Blanqui, qui attaquant Sismondi sur le revenu de la terre strictement sur le point de la « chrématistique » avait raison (3), mais avait d'autre part le tort, encore qu'il n'avait peut-être pas « parfaitement compris » la théorie de l'économiste génevois (4), « de ne pas traiter le côté *politique* des colonies (5) ».

(1-2) Fix, *Revue mensuelle*, 1834, tome II, page 68.
(3) Fix, *ibid.*, page 495.
(4) Fix, *ibid.*, page 492.
(5) Fix, *ibid.*, page 495.

b) Fix critique Blanqui au sujet du système de la liberté absolue appliqué aux manufactures. — Avant tout, c'est pour satisfaire « aux besoins intérieurs » que doivent s'élever les manufactures, et point n'est besoin pour elles de servir à fournir les marchés étrangers (1).

Le seul but auquel on doive s'efforcer d'atteindre, n'est donc pas seulement cette production à outrance. Quel serait, d'autre part, l'effet de l'élévation des salaires à un taux convenable ?

1° L'ouvrier pourrait assurer son existence ; 2° le prix des produits étant plus élevé, il en serait moins vendu à l'étranger ; 3° par suite, le commerce se restreindrait tout naturellement, au détriment de quelques spéculateurs peu intéressants et pour le plus grand bienfait des travailleurs mieux rémunérés.

La richesse d'une nation ne tient donc pas à ce qu'elle possède de grands capitaux inégalement répartis (2).

c) Fix n'admet pas la théorie de Blanqui sur les machines, il lui préfère celle de de Sismondi. — C'est en s'appuyant sur des faits que Blanqui donne son opinion sur l'utilité des machines pour lesquelles « il signale à peine quelques légers inconvénients ».

C'est également dans les faits que Sismondi puise son opinion. Elle y trouve sa force et, suivant Fix, « *sa vérité* » (3).

(1) Fix, *Revue Mensuelle*, 1834, tome II, page 70.
(2) Fix, *ibid.*, page 71.
(3) Fix, *ibid.*, page 74.

Au point de vue « chrysologique », Blanqui a pleinement raison, car la machine enrichit la nation, mais « économiquement » parlant, la théorie de de Sismondi triomphe quand il a demontré que le machinisme, au point de vue social, a fait du tort à l'ouvrier.

Fix, suivant nous, n'aperçoit pas, et Blanqui l'a parfaitement dit, que le mauvais côté du machinisme peut n'être que passager et qu'un avenir meilleur s'ouvre, par les machines, à toute la classe laborieuse.

Bonnes sont les machines, s'écrie Fix, lorsque, « suppléant à l'insuffisance des bras, elles produisent pour les besoins intérieurs », mais elles sont condamnables lorsque pour les besoins du marché extérieur, « elles abrutissent et tuent des générations tout entières » (1).

d) Avis de Fix sur les corporations. — Blanqui, faisant la critique des anciennes maîtrises et jurandes, a, suivant Fix, déclaré à tort que Sismondi préconisait leur rétablissement. Non, Sismondi ne demande pas les corporations sur le modèle de celles d'autrefois, mais il pense, d'après notre auteur, « *avec raison* », qu'une « certaine organisation de l'industrie » pourrait servir la classe laborieuse (2).

e) Fix et Villeneuve Bargemont. — Fix fait de l'ouvrage de Bargemont le plus grand éloge. « Il a traité, dit-il, son sujet avec une noble indépendance et son

(1) Fix, *Revue mensuelle*, 1834, tome II, page 75.
(2) Fix, *ibid.*, page 76.

livre, qu'on doit enregistrer avec reconnaissance, prendra date » (1).

f) Interventionnisme chez Fix. — Fix est un fervent de la liberté en matière commerciale et il demande surtout l'abolition des tarifs de douane en ce qui concerne les objets de première nécessité tels que les fers, houilles, toiles, cuirs, car des droits sur ces matières occasionnent à l'ouvrier un important supplément de dépense (2). Pour arriver à ce but, que demande-t-il ? Nous l'avons déjà vu : une liberté progressive.

Ce dont il entend parler, c'est donc, il le spécifie, du « système étroit et mesquin des protections légales, des douanes en particulier » (3). A part cela, — (il faut lire une critique qu'il fait d'un livre du baron de Morogues et qu'on peut lui attribuer), — on peut dire qu'il admet et réclame l'intervention de l'État :

1° — Dans les travaux publics et particuliers, notamment dans l'établissement des chemins de fer et canaux.

Le meilleur système est celui des compagnies privées (4), mais le gouvernement, au lieu de se montrer tracassier, doit encourager et faire plus que promettre. Il doit « rassurer les capitalistes et leur donner des garanties positives » (5).

(1) Fix, *Revue Mensuelle*, 1834, tome III, page 339.
(2) Fix, *ibid.*, tome I, page 43.
(3) Fix, *ibid.*, page 50 et 305.
(4) Fix, *ibid.*, page 243.
(5) Fix, *ibid.*, page 249.

2° — L'intervention du gouvernement, pour favoriser les progrès de l'agriculture. Sur cette matière, dit-il, « le laissez faire et le laissez passer, dont les conséquences déplorables sont aujourd'hui hors de doute, doivent totalement disparaître » (1).

Et en un mot, résumant, dans un article sur un ouvrage de Simondi son opinion, Fix écrit :

« Au lieu de dire au gouvernement de laisser tout faire et de laisser tout passer, on doit lui recommander de tenir la balance égale entre ces deux intérêts » (2).

g) Le droit de grève, chez Fix. — Il faut, dit Fix, dans un article non signé sur les propriétaires et les salariés, que « le refus concerté du travail sans menaces ni violences, demeure une arme légale entre les mains des coopérateurs ouvriers » (3).

Ce passage est le sanctionnement *sans restriction* du droit de l'ouvrier à la grève pacifique !

§ III. — FIX ET LA REVUE MENSUELLE D'ÉCONOMIE POLITIQUE (1835-1836). — SON OUVRAGE « OBSERVATIONS SUR LES CLASSES LABORIEUSES ». — FIX PUREMENT CLASSIQUE.

Les articles de Fix dans la *Revue Mensuelle* à partir de 1835 sont tous d'un libéral convaincu (4) et l'on

(1) Fix, *Revue mensuelle*, 1833, tome I, page 301.
(2) Fix, *ibid.*, 1834, tome, III, page 26.
(3) Fix, *ibid.*, 1833, tome I, page 315.
(4) Fix notamment. *Revue mensuelle*, 1834, tome IV, page 72 et 1836, t. V, pages 342, 386, 397, 461, etc.

n'y retrouve plus de ces idées dissidentes éparses et fréquentes dans les trois premiers tomes (1833 et 1834).

Il publie enfin ses « *Observations sur les classes laborieuses* » (1).

Dans ce livre, on ne rencontre plus trace de ses premières idées. Il s'oppose complètement au rétablissement des prohibitions quelles qu'elles soient et ne veut plus entendre parler des jurandes et des maîtrises (2).

Parlant de la réglementation, il dit d'elle que « si à l'origine, elle a été un moyen de progrès et de sécurité, elle est devenue plus tard une entrave à toute amélioration » (3).

Il ne demande plus nulle part l'intervention de l'Etat (4) et s'insurge contre « toutes les barrières » (5). Il ne veut en aucune manière d'intervention en faveur des adultes (6), pas plus que de « participation des ouvriers aux bénéfices » (7). Il n'y a plus guère que les mesures en faveur des enfants qu'il préconise encore dans son livre, ainsi que la possibilité pour les ouvriers de former des associations : sortes de coalitions pacifiques (8).

(1) Fix, *Observations sur les Classes Laborieuses*, Paris, Guillaumin, 1846.
(2) Fix, *ibid.*, page 12.
(3) Fix, *ibid.*, page 14.
(4) Fix, *ibid.*, pages 28 et suivantes.
(5) Fix, *ibid.*, page 37.
(6) Fix, *ibid.*, page 275.
(7) Fix, *ibid.*, page 330.
(8) Fix, *ibid.*, page 201.

Les *Observations* sont l'œuvre d'un économiste devenu, dit H. Say, classique par « le travail et l'étude spéciale des faits » (1) et qui soutenant, dit Louandre, « que la misère a beaucoup diminué aujourd'hui, grâce à la civilisation » (2), ne craint pas d'adresser à ceux qui souffrent de durs reproches, « pour leur faire comprendre que le mal n'est pas incurable et qu'il peut y être remédié par la tempérance et l'économie » (3). La place de Fix, dépouillé des idées des socialistes et des philanthropes, s'indique par les quelques propositions suivantes :

Il a recherché les améliorations pratiques, après avoir parfaitement indiqué les causes génératrices du mal. Il a combattu les principes du droit au travail, de l'organisation du travail, et de tout système de réglementation du taux des salaires. Il n'a laissé, en un mot, d'initiative à l'Etat « qu'en faveur des enfants, de l'enseignement des masses, de l'interdiction du travail des prisons, et des mesures d'hygiène et de salubrité, particulièrement dans les manufactures » (4).

(1) Horace Say, *Journal des Economistes*, janvier 1854, page 14.

(3) Louandre et Bourquelot, *La littérature française contemporaine*, 1848, tome III, page 499.

(2-4) Dictionnaires de Say et de Coquelin et Biographies de Didot et de Michaud.

CHAPITRE VI

FAUCHER (Léon-Joseph).

---

§ 1er. — ESQUISSE BIOGRAPHIQUE (1). — SES ŒUVRES.

I. *Ses débuts.* — Léon Faucher naquit à Limoges le 8 septembre 1803. Il mourut à Marseille en 1854. D'une famille très peu fortunée, ses débuts furent des plus difficiles. On raconte que vivant seul avec sa mère, il lui arrivait souvent de l'aider, le soir, dans des travaux de broderie. Il fit de brillantes études à Toulouse puis se fixa à Paris, avec le désir de se lancer dans l'enseignement. Il était, après concours en 1827, admissible à l'agrégation de philosophie, science pour laquelle il avait d'abord « montré une prédilection décidée » (2).

(1) Dictionnaire d'Economie politique Say et Coquelin Guillaumin. — Biographie Didot volume 17 page 151. — Amédée Thierry, *Journal des Débats*, 21 décembre 1854. — De Lavergne, *Revue des Deux Mondes*, janvier 1855, pages 204 et suivantes.

(2) De Lavergne, *Revue des Deux Mondes*, 1855, page 204.

Il rencontrait toutefois une extrême difficulté à entrer dans l'Université comme professeur. Entre temps, et pour gagner sa vie, il s'était placé comme répétiteur des enfants du maître de poste Dailly. Dès l'année 1828, il discutait dans les réunions publiques avec les Saint-Simoniens. Il fallait vivre, aussi Faucher devait-il immédiatement se lancer dans la presse périodique, en même temps qu'accomplir quelques travaux de littérature (1).

II. *Faucher journaliste politique.* — Enthousiaste de la Révolution de 1830, dès cette même année, il se lança tout entier comme journaliste dans la polémique politique et se plaça dans la partie de l'opposition de gauche, mais sans s'associer à la politique de Carrel, trop violente pour lui (2).

« Ses écrits de cette époque, dit Am. Thierry, furent comme les tâtonnements de cet esprit distingué qui cherchait sa véritable voie et qui après s'être essayé sur la philosophie et sur l'histoire concentra bientôt les forces de son intelligence et son savoir sur la question d'Economie politique, de finances et de morale appliquée à la Société » (3).

Rédacteur au *Temps*, il y inséra surtout des articles sur la philosophie de l'histoire. Il voulut créer un journal du dimanche, qu'il intitula *Le Bien public*, mais cette feuille ne réussit pas et Foucher se fit un devoir

(1) La traduction en grec des « Aventures de Télémaque ».
(2) De Lavergne, *Revue des Deux Mondes*, janvier 1855, p. 204 et suiv.
(3) Am. Thierry, *Journal des Débats*, 21 décembre 1854.

de désintéresser peu à peu tous ses commanditaires. Il supporta longtemps les conséquences de cette mésaventure pécuniaire.

Il fut en 1833-1834 placé à la tête de la rédaction du *Constitutionnel*, dont l'opinion était « la gauche dynastique ».

Mais bientôt (1839), il passa avec les mêmes opinions à la tête du *Courrier Français*, journal d'opposition légale et parlementaire, et y déploya un zèle, une activité et un sentiment de son devoir qui étaient la meilleure preuve du souci qu'il avait de « sa dignité personnelle, de son indépendance et de son talent » (1).

Il se montrait un des plus fervents conseils du ministère Thiers, du 1er mars 1840.

Enfin en 1842, le *Courrier Français* ayant changé de mains et de couleur, il en donna immédiatement sa démission de rédacteur en chef.

III. *Faucher s'occupe d'Economie politique.* —Momentanément retiré de la lutte politique, Faucher se livra à des travaux économiques.

Il avait écrit (1836) un Éloge de Rossi qu'il devait remplacer plus tard à l'Institut.

En 1837, il publiait un ouvrage sur la « Réforme des Prisons ». Amédée Thierry en fait le plus grand éloge et lui sait gré surtout de ne pas avoir cherché de solution dans des conceptions abstraites « mais bien plutôt dans l'étude de notre caractère » (2).

(1) De Lavergne, *Revue des Deux Mondes*, janvier 1855, page 204 et suiv.
(2) Amédée Thierry, *Journal des Débats*, 21 décembre 1854.

Il collaborait, en outre assidûment, à la *Revue des Deux Mondes* et la série de ses articles dont le premier date de 1834 ne devait se terminer qu'en 1854.

Son grand projet de « l'Union du Midi » date de 1837 et en 1842 se fondait sous sa direction « l'Association française pour la liberté des échanges ».

Deux partis étaient en présence : les partisans de la liberté commerciale et ceux du système protecteur. Il fallait choisir. Faucher se rangea en principe du côté des premiers représentés par « l'Association française ». Malheureusement, dit de Lavergne, cette ligue « si conforme au véritable intérêt national tomba, dans des exagérations » (1) et Faucher, avec son sens pratique, s'en aperçut un des premiers. « Il lui était difficile d'accepter ni les théories absolues des partisans de la liberté, ni l'immobilité des partisans de la protection. Il voulait que l'on prît en considération non-seulement les intérêts évidents du pays, mais aussi ses habitudes » (2). Il refusa publiquement de s'associer à « l'Association française » Le 1er octobre 1843, il fournissait sur White Chapel un premier article bientôt suivi de plusieurs autres. Ces articles, servirent à la publication de son plus important ouvrage économique, publié en 1845 et intitulé *Etudes sur l'Angleterre* (3). C'est le seul ouvrage que, dans sa carrière agitée, « il ait eu le

(1) De Lavergne, *Revue des Deux-Mondes*, janvier 1855, pages 204 et suivantes.

(2) Am. Thierry, *Journal des Débats*, 21 décembre 1854.

(3) Faucher, *Etudes sur l'Angleterre*, 2 vol. 1845.

temps de terminer» (1). C'est là que se remarquent surtout « la sagacité de l'écrivain, son rare esprit d'observation et sa tendance à ramener toujours l'observation à des résultats pratiques » (2).

Il fut aussi un précieux collaborateur au *Journal des Economistes*.

IV. *Faucher rentre dans la politique.* – Faucher ne tardait pas à rentrer dans la politique, non seulement comme journaliste, mais encore comme membre des Assemblées politiques.

Elu député de la Marne en 1846, il vint siéger à gauche. Promoteur de la Réforme électorale, il s'associa à la campagne des banquets patriotiques, mais sans jamais quitter les voies constitutionnelles. Comme membre de la Constituante, il proposa et vota l'ouverture d'un crédit de 10 millions en faveur des ateliers nationaux. Il pensait que ces ateliers serviraient uniquement à la construction des chemins de fer, et débarrasseraient Paris d'un grand nombre d'oisifs et de fomentateurs de désordres. Dans sa pensée, les ouvriers engagés dans les ateliers de Paris, établis par le gouvernement provisoire, devaient être envoyés ensuite en province pour des travaux de terrassements.

Il se montrait ennemi acharné des tendances révolutionnaires qui, disait-il,« élevaient le désordre à la hau-

(1) De Lavergne, *Revue des Deux Mondes*, janvier 1855, page 204 et suiv.
(2) Am. Thierry, *Journal des Débats*, 21 décembre 1854.

teur d'une théorie »(1), et son instinct de gouvernement protestait contre « toute connivence avec l'insurrection » (2). C'était dans cette opinion, qu'il publiait, le 1re avril 1848, un petit écrit, sorte de première étude sur l'*Organisation du travail.* Ce petit ouvrage était fait « de bon sens, de courage et de vraie lumière » (3).

Quant à son livre sur l'Angleterre, Fonteyrand l'apprécie en ces termes : « Des misères industrielles de la Grande-Bretagne, du mouvement des populations, d'une société algébrique pour les uns, élégiaque pour les autres, il a fait une société réelle et vivante. Il maniait toutes les questions industrielles avec clarté et une rare connaissance des faits (4). Citons encore son « Système de M. Louis Blanc », publié en 1848.

Quoi qu'il en soit, la révolution de Février avait trouvé en Faucher un adversaire bien armé. Comme membre de la Constituante, il se montra défenseur acharné de l'ordre. La guerre qu'il avait livrée comme écrivain aux mauvaises passions, comme homme politique, il la continuait avec la même ardeur : homme de théorie, il savait aussi être homme de pratique et n'aimait pas à rester dans les données purement spéculatives.

Le 20 décembre 1848, Faucher fut nommé ministre des travaux publics, puis ministre de l'intérieur.

(1) Faucher, Etude sur l'Organisation du travail, *Revue des Deux-Mondes* 1er avril 1848.

(2) De Lavergne, *Revue des Deux-Mondes*, janvier 1855, pages 204 et suiv.

(3) Amédée Thierry, *Journal des Débats*, 21 décembre 1854.

(4) Fonteyrand, *Journal des Economistes*, tome XII, page 175.

En cette qualité, il dirigea les élections de 1849 et sut énergiquement réprimer les désordres du 29 juin 1849. Sa fameuse circulaire aux préfets à propos des élections législatives fut blamée, l'élection taxée de manœuvre électorale, et Faucher donna immédiatement sa démission. Qu'il ait eu tort ou raison en cette circonstance, De Lavergne n'en affirme pas moins qu'en tant qu'homme politique, il « n'usa jamais de son influence que pour ce qu'il croyait l'intérêt public » (1).

Sa nomination à l'Académie des sciences morales et politiques (section de l'économie politique) date de janvier 1849. Enfin, la Constituante s'étant séparée, il fut élu membre de l'Assemblée législative pour le département de la Marne.

Plusieurs fois vice-président de cette Assemblée, il fut un des membres les plus influents des différentes commissions. Il travailla notamment à la loi électorale du 31 mai 1850.

Ses qualités d'orateur étaient faites de précision et de fermeté; celles de l'homme d'Etat étaient l'instinct de gouvernement joint à une « volonté inflexible que ne pouvaient ébranler ni craintes, ni influences » (2) ! C'est guidé par cette fermeté que, ministre de l'intérieur, en 1851 il ne craignit pas de tenter la réforme de l'administration intérieure, et de rétablir les anciens préfets balayés par la Révolution de 1848. Il estimait avec juste

(1) De Lavergne, *Revue des Deux Mondes*, janvier 1855, pages 204 et suiv.
(2) De Lavergne, *ibid.*

raison, qu'on n'improvise pas d'un seul coup pour un grand pays de bons administrateurs. D'ailleurs ses études antérieures, l'avaient préparé à « connaître parfaitement les problèmes économiques (1) » et à pouvoir lutter utilement contre le socialisme menaçant.

La législative se traînait péniblement sans que pût arriver à triompher le parti rêvé par Faucher : un gouvernement parlementaire, le suffrage restreint et un président de la République.

Le 26 octobre 1851, Faucher démissionnait, abandonnant le portefeuille de l'intérieur, quand le prince président établissait, contrairement à son avis, le suffrage universel.

Faucher avait été fait commandeur dans l'ordre de la Légion d'honneur par le prince Napoléon.

Le présidentayant dissous l'assemblée, le 2 décembre, voulut nommer Faucher membre de la Commission consultative. Mais, trop attaché, aux principes parlementaires et trop atteint dans la ruine de toutes ses espérances, Faucher refusa énergiquement et rentra, définitivement cette fois, dans la vie privée.

Il retrouva alors toute son activité et continuant le cours de ses travaux économiques, il accepta les fonctions de membre du Conseil d'administration du Crédit foncier de France.

Pendant l'été de 1854, il partait aux Pyrénées se soigner d'une ancienne affection de gorge.

(1) De Lavergne, *Revue des Deux Mondes*, janvier 1855, page 204 et suiv.

De retour à Paris, il commençait dans la *Revue des Deux Mondes* un ouvrage d'une portée remarquable qu'il intitulait « Les Finances de la guerre. »

Faucher se disposait à passer l'hiver en Italie, quand, frappé à Marseille du terrible mal dont il souffrait déjà depuis longtemps, il y mourait en 1854.

§ II. — Faucher n'est pas ennemi d'une intervention limitée en matière ouvrière. — Faucher avant 1848.

I. *Introduction*. — Chez Faucher, ainsi que chez quelques-uns des économistes que nous avons étudiés, il y a deux systèmes économiques à examiner, il y a deux périodes de leur existence à envisager. En Faucher, il faudra examiner : 1° l'homme qui n'est pas absolument ennemi d'une légère réglementation ouvrière (1), et 2° le libéral malgré tout et parfaitement décidé (2). Il faudra voir aussi Faucher avant la Révolution et Faucher après 1848, alors que la Révolution aura apporté avec elle son trouble, son désordre et son déchainement de mauvaises passions.

II. *Le travail des enfants*. — Faucher était-il pour une réglementation en faveur des enfants. Voyons-le.

a) La loi de 1841 en France. — Faisant allusion à la loi

(1) Cela ressortira de passages extraits de ses « *Etudes sur l'Angleterre* (1845) et d'un article de 1844 de la *Revue des Deux-Mondes*.

(2) On verra sur ce point son « Système de Louis Blanc (1848) et la position qu'il prit en certaines circonstances, comme homme politique.

française de 1841, Faucher affirme que « nulle part, une loi sur le travail des enfants n'était moins difficile à établir qu'en France » (1).

Les manufactures, en effet, soutenues qu'elles étaient par le système prohibitif, ne devaient pas avoir à en trop souffrir. De plus, l'administration française fort régulière et agissant sur toute la France aurait pu facilement en contrôler l'exécution. Mais cette loi n'a pu recevoir de réelle exécution, car le gouvernement français a désigné « nonchalamment pour cette surveillance des inspecteurs locaux et gratuits » (2).

b) La loi de 1841 à Paris. — C'est surtout à Paris que a loi de 1841 n'a pu recevoir presqu'aucune application. A Paris, en effet, l'industrie est très divisée et « cette diversité des industries complique le problème » (3).

Comment, en effet, un inspecteur, si diligent qu'il soit peut-il se rendre compte de ce qui se passe dans une multitude de petits ateliers, à professions les plus diverses, les plus différentes? Une semblable inspection devient pour lui « presque une affaire de famille » (4).

Cependant, pour que la loi soit juste et efficace, il faut qu'elle embrasse toutes les industries ; et, d'autre part, pour qu'elle soit possible, il faut que le législateur

(1) Faucher, *Etudes sur l'Angleterre*, Paris-Guillaumin, 1856, tome I, page 462.

(2) Faucher, *ibid.*

(3) Faucher, *Revue des Deux-Mondes*, 1844, tome VIII, page 643.

(4) Faucher, *ibid.*

ordonne à l'administration qui exécute, de tenir compte des « conditions spéciales à l'exercice de chaque profession » (1).

Un autre défaut de la loi (et celui là le plus radical) tient à la limite même d'application qu'elle a posée. Ce partage de l'industrie « en agrégation de plus ou de moins de vingt ouvriers, ne répond rien » (2). Parcequ'un atelier emploiera dix-neuf travailleurs, il pourra impunément agir à sa guise et abuser des enfants, mais parcequ'il en emploiera vingt, il sera de ce fait, et sur le champ, soumis à toutes les rigueurs de la loi ! A quoi correspond cette fixation au chiffre 20, passée dans la loi ?

D'ailleurs avec quelle facilité ne peut-on éluder la loi. Qu'on apprenne la visite de l'inspecteur et l'enfant change rapidement d'atelier. Les changements fréquents d'ateliers sont faciles à Paris où l'industrie est variée et très développée et « les bras presque continuellement en réquisition ». Cette circonstance permet à l'ouvrier « de rester maître du marché » et d'émigrer facilement et à sa guise, d'un atelier dans un autre (3). Elle s'applique également à l'enfant et nous prouve une fois de plus toutes les difficultés que rencontrerait une inspection *sérieuse*. Or, cette inspection sérieuse n'existe

(1) Faucher, *Revue des Deux Mondes*, 1844, tome VIII page 644.
(2) Faucher, *ibid.*, page 647.
(3) Faucher, *ibid.*, page 648.

même pas, et les contrôleurs gratuits remplissent leur tâche d'une façon dérisoire (1) !

Il serait bon aussi, pour éviter les fraudes de toutes sortes, que la loi imposât aux fabricants « le devoir de traiter directement avec les parents des enfants » (2).

La dernière réflexion inspirée à Foucher par l'étude de cette loi de 1841, est qu'elle ne vaut rien au point de vue du nombre des heures de travail.

« La loi, dit Faucher, part de deux hypothèses également inexactes : elle suppose qu'un enfant de 12 ans peut supporter un travail de 12 heures et qu'un enfant qui a plus de 16 ans peut désormais se passer de protection » (3).

Nous pouvons conclure de tout cela, que Faucher reconnaît l'urgente nécessité d'une bonne loi d'intervention en faveur des enfants, mais aussi la mauvaise exécution de la loi française de 1841, loi non seulement mal appliquée, mais aussi mal faite.

Un seul bienfait à son avis est né de cette loi, nous aurons l'occasion de le signaler.

c) La protection des enfants et la loi anglaise. — Comme la loi française, la loi anglaise était en principe bonne, excellente même. Mais comme la loi française, son exécution resta tellement défectueuse « qu'il fut

(1) Faucher, *Revue des Deux-Mondes*, 1848, tome VIII, page 644 et suiv.
(2) Faucher, *ibid.*, page 650.
(3) Faucher, *ibid.*, page 654.

prouvé » que sur 109 enfants, 26 seulement avaient atteint l'âge légal (1).

III. *Le travail des femmes et des adultes.* — Faucher n'est pas pour la réglementation du travail ni des femmes, ni des adultes.

Il reconnaît cependant que la loi française de 1848 (et c'est son seul bienfait) a amené une diminution de la durée du travail des adultes. « La loi du 22 mars 1848, dit-il, sans atteindre le but qu'elle poursuivait, a pourtant exercé une influence salutaire sur l'industrie à Paris. Dans les arrondissements d'inspection, où le contrôle n'est pas purement nominal, en obligeant les manufacturiers à ne pas faire travailler les enfants de 12 à 16 ans au delà de 12 heures par jour, *elle a réduit généralement la durée du travail à 12 heures pour tous les ouvriers* (2) ».

Un semblable résultat a été obtenu par la loi anglaise, « *dont le seul et véritable bienfait* » a été, « limitant à 12 heures par jour le travail des adolescents, de ramener généralement à la même limite le *travail des adultes* dans les filatures » (3).

Ne serait-ce cette heureuse conséquence, Faucher n'admet pas de réglementation du travail des adultes, ni même des femmes.

Le parlement anglais, dit-il, est entré, « en prenant

(1) Faucher, *Etudes sur l'Angleterre*, tome I, page 466.
(2) Faucher, *Revue des Deux-Mondes*, 1844, tome VIII, page 650.
(3) Faucher, *Etudes sur l'Angleterre*, tome I, page 467.

des mesures en faveur des femmes, dans une voie où il ne s'arrêtera pas quand il voudra » (1), car « réglementer le travail des femmes, c'est limiter *par le fait* celui des hommes » (2), la fabrique s'arrêtant forcément après le départ d'une partie des ouvriers.

Mais, il laisse bien entendre que si tel est son avis, c'est qu'il ne peut accepter qu'on pose le principe nouveau de la réglementation, qui, une fois admis, autorisera chacun « à vouloir reculer la limite à son gré » (3).

Sans cette crainte, il verrait avec contentement, la journée de travail diminuée et rendue moins écrasante à l'ouvrier. La durée du travail de l'*adulte* a été diminuée en Angleterre et en France par la loi de 1841, et cela de façon indirecte, sans aucune mesure applicable en propre aux adultes. Faucher s'en réjouit et parle de *véritable bienfait* de la loi. Il se mettait avec « l'opinion publique », du côté de « l'humanité », et réclamerait l'intervention ouvrière, si cette posture ne le forçait à s'éloigner « des données de la science » d'ailleurs, — il l'avoue « — fort incomplètes » (4).

La question de principe, et uniquement de principe, le retient encore, et discutant plus loin de l'effet de la législation anglaise, il écrit : « Cette réduction moyenne (loi anglaise) de 5 à 6 heures de travail par semaine,

(1) Faucher, *Etudes sur l'Angleterre*, tome I, page 477.
(2) Faucher, *ibid.*, page 481.
(3) Faucher, *ibid.*, page 481.
(4) Faucher, *ibid.*, page 476.

a-t-elle fait fermer les filatures et ruiné les manufacturiers ? *On aurait mauvaise grâce à le prétendre.* On peut donc légitimement conclure qu'une nouvelle limitation, soit directe soit indirecte, ne produirait pas tous les désastres que l'on prévoit (1) ».

Bref, il est toujours hanté par la même idée : *En principe*, pas de limitation, pas d'intervention, *sinon pour les enfants* ; *en fait*, la limitation a quelquefois du bon, surtout lorsqu'elle se produit indirectement et ses conséquences dans la pratique ne sont pas aussi funestes qu'on veut bien le dire.

Telles sont, en matière ouvrière, les tendances interventionnistes bien faibles, mais indéniables de Léon Faucher.

§ III. — Faucher reste malgré tout fervent libéral. Faucher après 1848.

I. *Faucher libéral dans ses ouvrages.* — Nous avons vu que, sauf quelques légères restrictions, Faucher s'était montré dans ses «Etudes sur l'Angleterre fervent libéral, ennemi de toute mesure d'intervention (en dehors des enfants), car cela doit forcément amener une diminution quelconque dans les profits du capitaliste, dans le salaire de l'ouvrier et dans l'importance de la production » (2).

(1) Faucher, *Etudes sur l'Angleterre*, tome I, page 486.
(2) Faucher, *ibid.*, page 487.

Ailleurs, il fait le reproche aux philanthropes anglais de retomber à force de trop s'écarter de la liberté dans les errements du moyen-âge « et de perdre » les progrès de trois siècles d'expérience (1).

Enfin, dans son opuscule sur « Le Système de Louis Blanc » se lit cette phrase bien catégorique : « Nous devons à la liberté du commerce et de l'industrie, à la concurrence, si l'on veut, tous les progrès, toutes les merveilles de notre siècle » (2).

II. *Faucher libéral, comme homme politique, après 1848.* — Si les opinions libérales de Faucher avaient dû changer, ce n'eût certes pas été après la révolution de 1848.

Faucher avait pu se réjouir, en 1845, de l'heureuse répercussion sur le travail des adultes, des lois en faveur des enfants en France et en Angleterre. Nous doutons fort, qu'après 1848, il aurait pensé de la même façon.

Toujours est-il qu'il ne fut pas le seul et « que l'opinion publique se transforma », elle aussi, fortement après les journées de Février (3).

a) Faucher s'oppose, après 1848, au projet du gouvernement fixant à 12 heures la durée du travail pour les adultes. — Il parle à deux reprises différentes contre cette fixation, le 31 août, puis le 4 septembre 1848. En

(1) Faucher, *Études sur l'Angleterre*, tome I, page 482.
(2) Faucher. *Du système de M. Louis Blanc*, Paris 1848, page 17.
(3) Rist. Sa thèse, Paris 1898, page 39.

cette matière, il n'y a aucune limite à déterminer « car sitôt que l'on pose une limite, on doit rencontrer l'arbitraire » (1).

« Si l'on réduit la durée des heures de travail, dit-il plus loin, il faut fixer les salaires, déterminer le prix des façons et par suite la valeur de la marchandise. En assurant la subsistance à l'ouvrier, il faut assurer aussi des profits au manufacturier et un revenu au capital. Tout se lie, en effet » (2), et toute intervention est un pas en arrière, un retour sur les conquêtes de la science!

L'attitude de Faucher, en cette circonstance, lui valut d'ailleurs, au *Journal des Economistes*, de loyaux éloges « pour la vigueur avec laquelle il avait réfuté les arguments des partisans de la limitation » (3).

b) Faucher s'appose à l'adjudication des travaux pu- à des associations ouvrières. — Faucher est d'avis que les auteurs d'une pareille proposition ne tendent rien moins qu'à changer l'organisation des travaux publics et la constitution du travail dans la société. « Substituer les agrégations d'ouvriers aux chefs qui font mouvoir l'industrie, transformer le salarié en associé, déterminer le taux des salaires, remplacer par une direction élective la hiérarchie naturelle des positions ainsi que des capacités, dispenser enfin les travailleurs du capital, en attendant apparemment que l'Etat

(1) Faucher. *Moniteur officiel*, 31 août 1848, page 2252.
(2) Faucher, *Moniteur officiel*, 4 septembre. 1848, p. 2295.
(3) *Journal des Economistes*, août-novembre, 1848, t. XXI. p. 222.

le fournisse : voilà, dit-il, les tendances en présence desquelles nous nous sommes trouvés placés » (1).

De pareilles tendances ne peuvent être encouragées; aussi n'est-il pas possible d'autoriser l'adjudication d'entreprises de travaux publics à des associations d'ouvriers.

(1) *Moniteur officiel*, 25 décembre 1849 (séance du 18 décembre 1849), p. 4161.

CHAPITRE VII.

DUPIN (baron Charles)

---

§ 1er. — Esquisse biographique (1). — Ses œuvres.

1. *Ses débuts.* — Charles Dupin naquit à Varzy (Nièvre), le 5 octobre 1784. Il mourut à Paris en janvier 1873.

C'était le second des trois frères Dupin dont l'aîné, André, fut avocat, bâtonnier à Paris, puis procureur-général à la Cour de Cassation, et dont le plus jeune, Philippe, occupa au barreau une place importante.

Leur père, Charles André Dupin, avait été avocat, juge, et trois fois député pour le département de la Nièvre.

Charles Dupin, entré le premier à l'École polytechnique, en était sorti en 1803 avec le numéro un. Il avait fait choix du génie maritime.

(1) *Dictionnaires d'Économie politique*, de Say et de Coquelin et Guillaumin. — Biographies Michaud et Didot, Paris 1858, t. XV, p. 310 et suivantes. — *Dictionnaire de la Conversation*, Paris 1854, t. VIII, p. 181 et suivantes.

II. *Le Savant.* — (*a*) Le mathématicien. — Comme mathématicien, ses débuts avaient été des plus brillants et des écrits et essais approuvés par Monge, avaient été publiés en 1801, dans le *Correspondant de l'Ecole polytechnique* (1).

(*b*) L'ingénieur. — Nommé ingénieur de marine, il fut d'abord chargé de travaux au port d'Anvers, puis à celui de Gênes.

Enfin, désigné pour partir à Corfou en 1805, il eut une première occasion de se signaler et comme savant habile, et comme fervent patriote. Le navire qui l'amenait, et qui était celui de l'amiral, après avoir essuyé une violente tempête, finit par aborder heureusement l'île, mais couvert d'avaries, les mâts et les vergues entièrement brisés. Dupin se chargea de la réparation. L'amiral lui avait donné huit jours pour exécuter ce travail; au bout de cinq jours, grâce à un labeur acharné du jeune ingénieur et à ses connaissances techniques déjà très développées, le navire pouvait reprendre la mer et voguer près de Toulon.

Il était temps, car quarante-huit heures après, une flotte ennemie louvoyait dans les parages de l'île, prête à attaquer et à anéantir la petite escadre française envolée depuis quelques heures.

(c) Le Lettré. — Resté à Corfou, Dupin ne tarda pas à se faire remarquer par son zèle dans ses fonctions d'in-

(1) Bertrand sur Charles Dupin, *Mémoires de l'Institut*, Académie des Sciences, t. XLIV, p. IV.

jénieur, par sa grâce mondaine et par son amour des lettres.

Lorsque l'on voyait successivement « l'ingénieur respecté de 200 ouvriers qu'il instruisait et gouvernait, l'orateur applaudi la veille dans une séance de l'Académie ionienne, le géomètre enfin, cité comme inventeur, c'était à se demander si c'était bien le même homme que l'on avait pu apprécier dans ces délicates et si différentes occasions » (1).

Dupin et ses jeunes collègues s'étaient épris de la Grèce, ils avaient conçu et mis à exécution le projet de fonder ce qu'ils avaient appelé « l'Académie ionienne ». Dupin avait été nommé secrétaire.

Ils avaient en vue « sur cette terre classique de la poésie et de l'art, de conquérir les esprits, de réveiller l'amour et la science et de rallumer le flambeau des études, éteint depuis tant de siècles » (2).

La lecture de Platon, de Demosthène, (dont Dupin venait de terminer une traduction), les avait enflammés et poussés à communiquer aux habitants de l'île, leur enthousiasme et leur zèle. Des prix avaient été fondés, et l'heureux vainqueur du concours qui avait lieu tous les 4 ans, venait recevoir une « médaille de fer olympiadique » (3).

(1) Bertrand sur Charles-Dupin, *Mémoires de l'Institut* (Académie des sciences), tome XLIV, pages v et vj.

(2-3) Bertrand sur Charles-Dupin, *Mémoires de l'Institut* (Académie des sciences), tome XLIV, page vj.

Toutefois, la partie la plus intéressante de tout ce programme résidait dans les différents cours publics établis et faits par nos jeunes fondateurs. Dupin, pour sa part, y enseignait la physique.

L'académie ionienne ne réussit guère auprès des habitants, simples et paresseux, qui ne se dérangèrent pas pour assister aux cours et aux leçons, et s'éprirent moins des auteurs grecs, leurs ancêtres, que les jeunes français qui avaient pris à tâche de leur en faire comprendre toutes les beautés. Les leçons de quelques pédagogues italiens, seyaient bien mieux à leur genre d'esprit.

Après quatre ans de cette vie, Dupin fut rappelé en France. Au retour, tombé gravement malade, il dut séjourner quelque temps à l'hôpital militaire de Pise. Là encore, il ne perdit pas son temps. Il s'intéressa au plus haut point à l'Italie, aux arts, aidant dans son travail l'officier piémontais Vacca qui rédigeait un ouvrage sur les campagnes de César, et se passionnant pour la façon curieuse dont on avait démonté et réparé pour l'amener en France, la fameuse toile de « la Transfiguration ».

Dupin, grand admirateur de la langue grecque à Corfou, était devenu rapidement « connaisseur et digne admirateur des chefs-d'œuvre de l'art en Italie (1) ».

Rentré définitivement en France à la fin de 1812 et âgé alors de 29 ans, il commença pour l'Institut (dont il

(1) Bertrand, *Op. cit.*, pages viij et xj.

ne tarda pas à être nommé correspondant pour la section de mécanique) de très intéressants mémoires. — Il faut citer une fort intéressante étude sur la courbure des bois.

III. *Complexité et étendue des occupations et des connaissances de Dupin.* — Nommé à la Direction des chantiers de Toulon, en 1813, il ébaucha la reconstitution d'un « Musée maritime », institution qui, à son avis, pouvait rendre les plus grands services.

Rien ne restait étranger à cet homme d'esprit : fin lettré et helléniste distingué à Corfou, ainsi qu'ingénieur de marine consommé, mécanicien, géomètre et mathématicien théorique dans ses travaux de science pure ; on ne tardait pas à voir « ce disciple de Monge, animé de son esprit, loué par Carnot, remarqué par Lagrange, cité comme une espérance de l'Académie, ayant fait son devoir dans cinq campagnes de guerre » (1), devenir politicien des plus distingués et fervent patriote.

Dès 1814, en effet, au retour des Bourbons, il se signale par une brochure publiée à Toulon et dans laquelle il réclame pour la France, des institutions représentatives. On lit de lui dans le même sens, en 1815, un « examen de l'acte additionnel » empreint du plus vif amour de la liberté (2).

Après Waterloo enfin, nous trouvons un Dupin animé du plus pur patriotisme et demandant à cor et à cri

(1) Bertrand. *Op. cit.*, p. xiv.
(2) Didot, 1858, tome XV.

qu'il soit élevé un superbe monument à la mémoire des vaillants combattants de cette historique journée.

Il était à Lyon, et avait reçu l'ordre de rejoindre Rochefort avec sa compagnie d'ouvriers maritimes, se livrant sur les routes qu'il traversait aux études scientifiques les plus intéressantes, quand il connut en Auvergne, l'ordonnance du 24 juillet 1815 prise contre le grand Carnot, bienfaiteur du jeune ingénieur.

A cette nouvelle, il ne put se contenir et rédigea aussitôt une circulaire où il présentait la défense du grand homme, et où il faisait paraître « toute sa haine de l'arbitraire ». Carnot jugeant inutile le sacrifice de son jeune protégé, garda par devers lui une des brochures et ordonna à l'auteur, dans un superbe moment de grandiose bonté, de détruire toutes les autres (1).

A Rochefort, Dupin se livra à de curieuses études sur les travaux de ce port, dus à l'ingénieur Hubert. Bientôt chargé de la même mission pour le port et l'arsenal de Dunkerque, il conçut l'idée d'entreprendre un voyage en Angleterre à ses propres frais. L'autorisation d'abord refusée, ne tarda pas à lui être accordée et il s'embarquait en 1816 pour la Grande-Bretagne.

IV. *Voyages de Dupin et ouvrages sur l'Angleterre.* — C'est avec la plus grande difficulté qu'il arriva, au début, à recueillir ses notes, car nos voisins ne pouvaient l'autoriser à prendre aucun croquis, aucun chiffre intéressant les travaux publics et surtout maritimes

(1) Bertrand. *Op. cit.*, page XV.

ainsi que la richesse commerciale et industrielle de ce pays.

Sa perspicacité l'amena cependant à découvrir des choses du plus haut intérêt, et la relation succinte qu'il fit de son voyage, à son retour en France, en 1818, sous le titre de « Mémoires sur la marine et les Ponts et Chaussées de la France et de l'Angleterre », lui valut la première place vacante à l'Académie des Sciences (section de mécanique).

En 1820, parut la première partie de son grand ouvrage sur la Grande-Bretagne. Le titre lui fut donné de « Force militaire ». Cet ouvrage souleva de grosses polémiques et suscita de nombreuses difficultés que Dupin raconta en 1825. Ce livre, d'abord interdit, sauf modifications que l'auteur refusa de faire, fut trouvé, par le gouvernement, trop élogieux à l'égard de nos voisins.

Devant la poussée de l'opinion des lettrés, l'autorisation d'imprimer fut enfin accordée. Le succès de ce livre, nous dit Bertrand, « excita des deux côtés du détroit la mauvaise humeur et l'inimitié de ceux pour qui la vérité dépend des temps et des lieux »(1).

Les Anglais, fort complimentés par Dupin dans certains endroits, s'émurent d'autres passages où il ne cachait pas ses opinions. Quant au gouvernement français, il continuait à trouver le livre, dans son ensemble, trop élogieux pour nos voisins, et la comparaison entre

(1) Bertrand, *op. cit.* page xvj.

les deux grands pays, l'Angleterre et la France, pas assez à l'avantage de cette dernière.

Cet ouvrage lui valut le titre de membre de la société des ingénieurs civils de Londres.

Pour en terminer avec les ouvrages et les voyages de Dupin, en Angleterre, disons que ce premier voyage fut suivi de plusieurs autres. Il se rendit jusqu'à sept fois en Grande Bretagne, et son cinquième voyage mérite d'être signalé. Il eut lieu en 1824. Il fut reçu avec la plus grande déférence en Angleterre où son ouvrage avait été tellement apprécié, que le ministre Huskisson l'autorisa à consulter seul et sans témoins, des pièces de la plus haute importance. Son dernier voyage eut lieu en 1837, il lui permit de terminer la dernière partie de l'ouvrage sur les « Forces de la Grande Bretagne ». Ce livre complet forme 6 volumes (1).

Entre temps, Dupin avait été fait fait officier de la Légion d'honneur. Il recevait de Louis XVIII, en 1824, le titre de « Baron ».

Il faut encore noter de lui, en 1819, un « Essai historique sur les travaux scientifiques de Gaspard Monge ». C'est à cette date encore que remonte la création du Conservatoire des Arts et Métiers, où Dupin fut nommé professeur de mécanique.

(1) Nous devons faire remarquer que deux Français, Faucher et Dupin, (sans parler de Blanqui, qui lui aussi voyagea en Angleterre) se livrèrent, presque à la même époque, sur des sujets un peu différents, à de grandes et profondes études sur cette puissante nation, et que les ouvrages de ces deux français, furent appréciés, non seulement de leurs compatriotes, mais de tous les lettrés du peuple voisin.

L'enseignement qu'il y donna fut des plus fructueux et nous y reviendrons dans la suite. Disons seulement que les cours qu'il fit l'amenèrent à publier plusieurs ouvrages, qui, traduits en huit langues, obtinrent le plus grand succès, citons : « La géométrie appliquée aux arts », et « la mécanique appliquée aux arts ».

Malgré l'attention portée sur ces travaux scientifiques, rien de ce qui se passait en France n'échappait à son intelligence toujours en éveil, à son cœur bouillant et chaud. Aussi, est-ce dans un accès de vibrant patriotisme qu'il s'insurgea violemment contre le maintien, en France, des armées alliées. Sa brochure d'abord interdite, inquiéta fort le gouvernement qui finit cependant par l'autoriser.

Un nouvel ouvrage purement scientifique, date de 1825. Ce sont ses « Applications de géométrie » sorte de résumé de toutes ses recherches de 1804 à 1815; puis, son « Discours sur les sciences et les arts » qui est à noter. On lit encore un intéressant « Tableau des progrès de la marine », qui fut tiré aux frais de l'État et distribué aux membres des deux Chambres.

L'Académie des sciences, entre temps, recevait, sous sa signature un nombre considérable de mémoires sur des sujets intéressants (1).

Enfin, le plus grand succès devait être réservé à ses « Cartes ingénieuses », dressées pour indiquer le degré

(1) C'est à cette époque qu'il commença à faire dans ses travaux un usage constant de la statistique.

d'instruction de chacun de nos départements (1). Les parties obscures représentaient les régions ignorantes, les parties claires au contraire, celle ou l'instruction était plus développée.

C'est en 1827 que paraît « La situation progressive de la France depuis 1814 ». Cet ouvrage. (un des plus importants de Dupin, au point de vue économique), formait l'introduction d'un grand ouvrage qu'il écrivit ensuite sous le titre de « les Forces productives et commerciales de la France »

V. *Rôle politique de Dupin.* — Un certain nombre d'ouvrages avait rendu populaire dans toute la France le nom de Dupin. Il avait en outre déjà publié tout jeune un assez grand nombre d'écrits et de brochures sur des questions de politique.

Aussi, les électeurs du Tarn qui ne l'avaient jamais vu, lui accordèrent-ils, en 1828, le mandat de député. Jusqu'en 1870, il ne devait plus quitter les Assemblées délibérantes. Ses débuts à la tribune furent excellents, et pour la première fois, il faisait intervenir la statistique — une statistique intéressante, bien raisonnée, facile à comprendre — dans des discours et devant des assemblées politiques. Sa manière était nouvelle, puissante, intéressante, sans trop d'aridité et tous les sujets lui étaient facilement familiers.

Comme député, il fut pour la prise immédiate d'Alger.

(1) Blanqui, *Cours d'Economie industrielle*, 1837-1838, Angé, page 32.

et vota en 1830 avec les 221. Il fit partie du petit nombre de députés qui soutinrent, et modérément, le mouvement. Homme d'ordre et de gouvernement, Dupin ne voulut rien admettre qui fût contraire à notre organisation politique et administrative. C'est pourquoi il se montra à cette époque pour la suppression absolue du commandement général des gardes nationales pour tout le royaume, commandement qui venait d'être octroyé à la Fayette, alors si populaire.

Dupin, au renouvellement législatif, ne fut pas réélu dans le Tarn, mais dans le département de la Seine. Après la révolution de 1830, il commença à jouer, grâce à son autorité et à la grande étendue de ses connaissances, un rôle prépondérant à la Chambre des Députés.

Comme membre de la Commission d'examen (1831) du projet de loi sur les céréales, il prit une attitude sur laquelle il nous sera donné de revenir.

Pendant quatre années de suite, jusqu'en 1835, il se distingua en qualité de rapporteur du budget de la marine, en même temps qu'avec ses hautes et presque universelles connaissances, il traitait les questions relatives au recrutement de l'armée et aux Conseils coloniaux électifs. Le roi le nommait en 1831, conseiller d'Etat et membre du Conseil d'amirauté. L'année suivante, il était élu membre de l'Académie des sciences morales et politiques. En un jour de crise, enfin, en 1834, il se dévouait et acceptait dans un ministère qui ne dura que trois jours, le portefeuille de la marine.

Il trouvait cependant, dans un temps si court, le moyen de laisser un souvenir de son passage sous forme d'un prix qu'il faisait instituer. Ce prix était destiné à la meilleure invention sur la vapeur appliquée à la marine militaire.

L'année 1834 le trouvait membre du jury central pour l'exposition et chargé du rapport qu'il publiait en 1837. Il prenait parti, dans la discussion de la loi des douanes de 1836, et s'occupait, l'année suivante, de la grande question des caisses d'épargne, question si brûlante, qu'elle faillit amener la révolution dans la rue.

Le prompt rétablissement de l'ordre, tant était grande son influence sur le peuple, fut en partie dû à son intervention.

Sur ces entrefaites, le gouvernement, ignorant « son habitude invincible du travail, sa prodigieuse activité d'esprit qui l'obligeait à toucher à tous les sujets et à toutes les questions pour y laisser son empreinte (1) », voulant le soustraire aux fatigues d'un mandat de député l'élevait à la pairie. Mais, comme pair de France, Dupin prodigua en toutes choses, la même activité qu'il avait déployée comme député.

Les Monts-de-Piété, le commerce entre la Métropole et ses colonies, les chemins de fer de Paris au Havre, d'Orléans, les questions intéressant l'ordre de la Légion d'honneur, les paquebots à vapeur entre la France et l'Amérique, les crédits demandés extraordinairement

(1) Didot, 1858, tome 15.

en 1846 pour la marine, virent notre économiste sur la brèche, toujours le premier à les embrasser d'une savante analyse, et les traitant toutes avec une égale compétence. Mais ce qui parmi tout le reste, honora particulièrement son nom fut son dévouement à la réglementation du travail des enfants dans les manufactures.

Dupin s'en occupa activement et fut chargé de différents rapports.

Toutes les questions algériennes ne le laissèrent pas non plus indifférent, et il servit pour une large part au développement de notre grande colonie.

La Révolution de février 1848 vint troubler profondément la France, mais le vaillant pair de France continua à faire partie des assemblées délibérantes, comme représentant du département de la Seine-Inférieure, dans la Constituante d'abord, puis dans la Législative.

Au printemps de cette même année, nommé secrétaire de la Société d'encouragement, il s'insurgea de toute sa force devant la nouvelle Assemblée nationale contre les doctrines révolutionnaires, tant économiques que financières des socialistes, et se montra opposé, le 23 juin, à la création des ateliers nationaux.

Le coup d'État de 1851 amena Dupin à démissionner du Conseil d'amirauté. Il voulait ainsi protester contre l'illégalité de cet acte politique.

Il accepta toutefois, après que la présidence décennale et l'Empire eurent été confirmés par le suffrage universel, et pour ne pas priver le nouveau gouvernement de son utile expérience, l'offre qu'on lui fit d'un siège au nouveau sénat (1).

On peut résumer d'un mot sa nuance politique jusqu'à l'Empire, en disant qu'il fit toujours partie de l'opposition modérée. Membre de toutes les expositions, soit comme secrétaire, soit comme vice-président ou président, il fut délégué dans ce dernier titre à la tête du jury français de l'Exposition universelle de Londres, en 1851.

Il y défendit, (grâce au renom qu'il s'était acquis, en Angleterre), sérieusement et utilement les intérêts français. C'est grâce aussi à son initiative que furent publiés les rapports des jurés français, si instructifs, si utiles à consulter.

Toujours membre du Sénat, il continua jusqu'à sa mort en 1873, notamment en 1867, dans les discussions de la loi sur l'enseignement primaire, à faire apprécier dans toutes les discussions parlementaires sa savante autorité, sa puissante et féconde expérience.

VI. *Ses ouvrages.* — Nous avons déjà, dans le courant de cette rapide esquisse biographique, eu l'occasion de citer un certain nombre des ouvrages, brochures, mémoires du baron Dupin. Une nomenclature complète est impossible. Louandre dans la *France littéraire*

(1) Bertrand, *op. citat.* page xxvij, tient à justifier la conduite de Dupin en cette circonstance, en déclarant qu'il fit bien de se rallier à l'Empire, car « il ne voulut, à juste raison, connaître qu'un seul drapeau, celui de la France » !

émet à ce sujet l'opinion que voici : « Dupin a rempli tant de fonctions et s'est occupé de tant de choses, il a écrit dans un si grand nombre de recueils, qu'il faut en quelque sorte désespérer de le suivre pas à pas dans le labyrinthe où il a marché (1) ». C'est par centaines qu'on peut compter ses discours et ses nombreux rapports dont un grand nombre ont été tirés à part.

Afin de donner une idée de la diversité des sujets qu'il a traités, nous pouvons citer quelques titres pris au hasard, des ouvrages et des brochures qu'il a publiés.

Parmi les ouvrages économiques citons : « La situation progressive des forces productives de la France depuis 1814 » (2). Cet ouvrage est une sorte d'introduction à un autre : « Les forces progressives et commerciales de la France (3) ». « La force productive des nations » (4). Les tomes II, III et IV de cet ouvrage, traitent de l'Exposition universelle de Londres, en 1851. Le tome I traite des nations d'Occident. Tout cet ouvrage n'est qu'un assemblage de chiffres, une vaste statistique, une série de tableaux comparatifs établis entre toutes les nations.

(1) Louandre et Bourquelot, *La Littérature française contemporaine*, 1848, page 369.

(2) Dupin, *Situation progressive des Forces productives de la France*, depuis 1814, 2e Édition, Paris, Bachelier, 1827.

(3) Dupin, *Forces productives et commerciales de la France*, 2 vol. in-4°, Paris. Bachelier 1827.

(4) Dupin, *La Force productive des Nations*.

On n'y rencontre presque aucune opinion économique doctrinale, scientifique.

Plusieurs petites brochures :

« Enseignement et sort des ouvriers (1) », où se montre sa froide placidité contre les menées révolutionnaires ».

« Petits pamphlets à l'adresse du système prohibitif », ouvrage de jeunesse, d'une nuance libérale sur laquelle revint dans la suite.

« Du travail des enfants » (2). « Bien être et concorde des classes du peuple français » (3).

Parmi ses ouvrages scientifiques, citons au hasard : « Cours normal de géométrie et de mécanique appliquées aux arts ».

« Tableau des Arts et métiers et des Beaux-Arts » ; « Discours sur l'Industrie, le Commerce, la Marine ». Trois volumes : « Force militaire, Force navale, Force commerciale ».

« Applications de géométrie et de mécanique à la Marine et aux Ponts et Chaussées ».

Un ouvrage tout littéraire : « Essai sur Démosthène et sur son éloquence », etc., etc.

VII. *Ses collaborations.* — Il faut mentionner la collaboration de Charles Dupin à différentes Revues : *Moniteur industriel*, *Mémorial du Commerce et de l'Industrie.*

(1) Dupin, *Enseignement et sort des ouvriers*, in-18. 1848.
(2) Dupin, *Du Travail des Enfants*, in-8. 1840-1847.
(3) Dupin, *Bien-être et Concorde*, in-32. Didot. 1840.

Encyclopédie du XIXe siècle, *Revue Britannique*, *Recueil de la Société polytechnique*, *Maison rustique du XIXe siècle*, *Dictionnaire de la Conversation*, *Journal des Sciences militaires*, etc., etc.

VIII. *Sociétés. — Assemblées. — Commissions et Conseils dont il faisait partie.* — Dupin, officier supérieur au corps du génie maritime, était membre de l'Académie des Sciences et de l'Académie des Sciences morales et politiques. Il faisait partie de la Société des Ingénieurs civils de Londres, était associé étranger de l'Institut de Naples, membre de la Chambre des Députés, puis pair de France, enfin sénateur sous l'Empire, membre du Comité consultatif des Arts et manufactures, du Conseil d'amirauté, professeur de mécanique au conservatoire des Arts et Métiers, ancien ministre de la Marine, etc., etc. (1).

§. II. — L'ÉCONOMISTE. — DUPIN LIBÉRAL.

C'est comme économiste surtout que Dupin est intéressant à envisager pour notre étude, et c'est dans ses ouvrages économiques (principalement dans « Les forces productives de la France »), dont nous avons donné plus haut la nomenclature, que nous puiserons pour nous fixer sur ses opinions en la matière. Ses principaux discours comme pair de France et comme sénateur, serviront aussi à mettre en lumière la posi-

(1) Guérard, *La France littéraire*, tome II, page 699.

tion prise par lui dans les différents débats sur des sujets économiques.

Dupin est-il un libéral classique, Dupin est-il au contraire un dissident ?

Libéral classique ? assurément non ; vrai dissident ? moins encore. A vrai dire, Dupin touche un peu aux deux écoles, mais il y touche d'une manière légère, il s'y est peu engagé. Il appartient à ces deux écoles, comme il appartient à tout ce qui lui paraît bon, sans savoir si cela fait partie de tel ou tel programme.

I. *Dans sa jeunesse.* — *Dupin libéral.* — Il paraissait en 1827, un « petit opuscule » pétillant d'esprit et de verve. C'est, dit Courtois, « un dialogue entre le vieux M. Prohibant, partisan encroûté de la réglementation et des monopoles, et le jeune Lefranc qui a la candeur de croire aux bienfaits de la liberté économique (1). »

Mais, quoique les sophismes de Prohibant soient ingénieux, Lefranc, dans son bon sens, « a l'honneur facile d'en pénétrer la faiblesse » (2). C'est l'œuvre de Dupin jeune. Sera-t-il reconnaissable, remarque Courtois, quand sous le ministère Guizot il se montrera ardent protectionniste. Quelle raison donner de ce revirement ?

La raison qu'en donne Courtois est toute morale : « A chaque changement de régime, dit-il, il monta d'un cran dans les honneurs et les dignités, disant d'un ton

(1) Courtois, *Journal des économistes*, nov. 1892, p. 279.
(2) Bertrand, *op. cit.*, page XXIV.

sceptique à ceux qui l'interrogeaient : « Ce n'est pas moi qui ai changé, ce sont les gouvernements » (1).

La raison de Bertrand est plus scientifique. Ne peut-on dire, écrit-t-il, « que les intérêts publics ont quelquefois changé en même temps que les hommes (2) ? »

Que penser de ce revirement de Dupin et « faut-il tant en vouloir à ce noble pair, qui jadis flagellait en si bons termes la faction des prohibants, et qui est devenu, on ne sait trop pourquoi, protectionniste déterminé (3) ? Non assurément, et celui qui en 1845 lui faisait reproche, l'excuse, sans s'en douter, en essayant d'expliquer ce revirement subit et en l'attribuant « au mirage des chiffres » ainsi, qu'à la statistique outrée (4).

Il faut moins lui en vouloir encore lorsqu'on a compris quelle idée Dupin se faisait des théories et des principes absolus et le peu d'estime dans laquelle il tenait les « systèmes ».

II. *Dupin libéral par le milieu général auquel il appartient.* — Dupin appartient à l'Académie des sciences morales et politiques, milieu essentiellement calme et dont les idées ne peuvent à coup sûr être taxées de subversives. Dupin, tranquille, placide, au milieu de toutes les discussions de l'époque, n'hésite pas à critiquer Louis Blanc et ses idées dans son « Enseignement et sort des ouvriers » (1848). Ce sont aussi les idées trop

(1) Courtois, *Journal des Économistes*, nov. 1892, p. 279.
(2-3) Bertrand, *op., cit.*, p. xxiv.
(4) Joseph Garnier, *op., cit.*, déc. 1845-mars 1846, tome XIII, p. 440.

avancées du gouvernement provisoire qu'il combat le 31 août 1848, en s'élevant hautement contre le décret du 2 mars, et en demandant tout simplement (mesure d'intervention bien modérée) la fixation de la journée de travail à douze heures. Adversaire de toutes les doctrines révolutionnaires, il s'élevait également contre les ateliers nationaux.

Homme de juste milieu, d'idées pondérées, entouré de doctes collègues fort éloignés des passions politiques, Dupin vécut en bonne intelligence et en parfaite communion d'idées, tout au moins sur bien des points, avec les libéraux de l'époque. La preuve de cette tranquillité scientifique ne nous est-elle pas fournie par la lecture de son « Bien-être et concorde des classes du peuple français », œuvre, dit Lévêque, « de science claire et persuasive, œuvre de conciliation, d'apaisement, de pacification sociale (1) ».

§ III. — Dupin dissident.

Dupin est un dissident avant tout en ce qui concerne la question de Méthode, de Science économique, qui, pour lui, réside tout entière dans l'observation des faits. Sous ce premier aspect il sera un précurseur de l'École réaliste.

(1) Lévêque, sur Dupin, Séance de l'Académie des sciences morales et politiques, 1873, S. Vergé, tome 99, page 611.

D'autre part, au point de vue de l'Art, de la politique économique, il se montrera encore dissident tant par des idées protectionnistes en matière commerciale, (excepté toutefois dans sa jeunesse), que par des théories interventionnistes en matière ouvrière. Sous ce second aspect, nous pourrons le proposer comme un précurseur des socialistes de la chaire.

I. — *Dissidence au point de vue « Science. »* — *Sa méthode.* — Dans cette grande question de la « Méthode » il prend partie pour la méthode d'observation, pour la relativité des mesures économiques, pour l'étude approfondie des faits, pour le réalisme en un mot, avec la défiance des systèmes absolus.

Nous retrouvons en lui les idées qui étaient celles de Galliani ; et qui se remarquent un peu chez les mercantilistes. Son système est l'empirisme, plutôt que le rationalisme ; il s'inquiète plus des faits particuliers que des lois générales. Son économie politique enfin, est avant tout nationale. L'éloge qu'en fait List, nous est une excellente preuve et nous devons être fixés sur ce point lorsque nous avons entendu l'économiste allemand, dire de notre auteur : « M. Dupin, qui a de l'éloignement pour toute théorie et qui est cependant un homme de beaucoup de réflexion et d'expérience, n'a point trempé dans les systèmes. Sa préface du *Tableau statistique des forces de la France*, exprime sa répugnance pour les théories (1) ».

(1) List, *Système national d'Economie politique*, pages 63 et 64.

Que dit en effet Dupin, dans cette préface : « Je n'offre pas de théories qui soient à moi. . ., je rapporte avec fidélité ce que j'ai vu, lu, compté. C'est une statistique contemporaine que j'offre à mes concitoyens. C'est une statistique comparée ».

Puis plus loin : « La statistique comparée est une science à créer..... Il faut faire des statistiques pour tous les pays et « la réunion de ces travaux sera un « Tableau des forces productives et commerciales de l'Univers. » Tout le monde pourra alors y voir clair, et ayant sous les yeux des « exemples vivants, chaque nation pourra agir. » Ces exemples auront une « toute autre puissance que des théories et des systèmes. Les sophismes tomberont devant la réalité des faits » (1). Cette comparaison de forces des différentes nations, lui avait inspiré un vaste ouvrage sur les forces productives des nations, ouvrage dont il n'écrivit malheureusement qu'une partie.

Ce livre sur les Forces productives des nations renferme toujours la même pensée. « L'interprétation morale des phénomènes économiques dit-il, a commencé par l'étude des forces productives de notre patrie, et s'est élargie de plus en plus, jusqu'à atteindre d'étonnantes proportions » (2).

Je suis un homme « de fait », écrit-il plus loin, et

(1) Dupin, *Situation progressive des forces productives de la France depuis 1814*, pages 3, 4 et 5.

(2) Levêque sur Dupin, Séances de l'Académie des sciences morales et politiques. Vergé, 1873, tome 99, page 612.

partout « je veux soulever le manteau des discours pour voir à fond quels actes il recouvre » (1).

Partout des discours, des clameurs, nulle part des réalités, aussi est-ce avec satisfaction qu'il a pu se renseigner « par une vie de calcul à l'abri de toute illusion, sur la réalité des choses » (2). Puis, après ces idées générales, cette sorte d'introduction, ce ne sont plus que des chiffres, des tableaux statistiques, et encore des chiffres ! Il ne nous paraît pas mal fondé d'affirmer que la méthode qu'employait Dupin et qu'il préconisait était toute nouvelle. Il créait, ou tout au moins rénovait une science tombée dans le dédain et qui n'avait encore reçu en France aucune application utile.

Grâce à la statistique, il voulut connaître l'état des progrès accomplis en notre pays, dans la voie des intérêts matériels et moraux.

« L'ensemble de ses travaux, dit Levêque, compose une sorte de traité des rapports du physique et du moral des peuples. Entre ses mains, la statistique, cette science de chiffres, s'anime, s'émeut et s'éclaire; l'arithmétique a des accents, les nombres de la passion. C'est que par delà les chiffres, il voit les âmes et vise à l'amélioration des mœurs. » (3)

Non content de renover la science statistique, il obtint pour elle l'appui des pouvoirs publics en obte-

(1) Dupin, *Situation progressive des Forces productives depuis 1814*, p. 6 et 7.
(2) Dupin, *ibid.*, *ibid.*, p. 94.
(3) Levêque sur Dupin. Séances de l'Académie des sciences morales et politiques, Vergé, 1873, volume 99, page 609.

nant la création d'un « bureau de statistique officielle », la seule qu'il considérât comme sérieuse.

II. *Dissidence au point de vue de l'Art*, (*Politique économique*). — Dans ce sens, Dupin est incontestablement un dissident ; il l'est à un double point de vue. En matière de commerce extérieur d'abord, où il désire une protection limitée qu'il ne faudrait pas confondre avec d'étroites prohibitions, en matière ouvrière, enfin, où il réclame une légère intervention.

(*a*) Protection en matière commerciale. — Nous l'avons examiné plus haut : les idées de Dupin s'étaient modifiées avec l'âge et le jeune auteur du dialogue entre M. Prohibant et le candide Lefranc, était devenu protectionniste avec l'âge. Nous avons examiné quelles pouvaient être les raisons qui l'avaient amené à ce revirement, et la meilleure nous a paru tenir au peu de cas que Dupin faisait des théories et des systèmes absolus.

Comme député et comme membre de la Commission d'examen du projet de loi sur les céréales de 1831, il fait triompher le principe de l'échelle mobile. C'est le système qui offre le plus d'avantages au producteur, ainsi qu'au consommateur.

Dans la session de 1836, à l'occasion de la discussion de la loi sur les douanes, il se montre l'adversaire déclaré d'une liberté commerciale illimitée, que défendaient certains députés.

Entendons maintenant deux jugements : d'abord celui que lui-même porte sur Blanqui. Il lui reproche d'avoir défendu de parti-pris ce qu'on est convenu d'appeler la liberté du commerce, « liberté qu'un trop grand nombre de personnes qui poussent à l'extrême les meilleures choses, font consister dans la faculté merveilleuse d'entrer en tout Etat sans rien payer pour quelque raison que ce soit » (1).

Sur cette matière, il donne son avis.« Les observateurs impartiaux, et le nombre en est bien petit, dit-il, s'efforcent en de semblables matières (liberté ou protection du commerce) de fuir l'exagération, soit d'un côté, soit de l'autre. Dans les polémiques ardentes, où les intérêts sont en jeu non moins que les amours-propres où des passions prennent couleur pour en teindre la vérité, il est bien rare qu'un peu d'erreur ne se mêle pas aux conceptions les plus plausibles en principe.

Il faut laisser au temps le soin de tenir à la fin une balance impartiale entre les opinions contradictoires, le soin de fixer jusqu'à quel degré précis l'on doit appliquer les sentences théoriques à la vie des sociétés, le soin d'apprécier jusqu'à quel point les conditions d'existence et de prospérité, particulières à chaque nation, modifient des solutions générales qu'on prétendrait à tort imposer comme immuables à l'égard des lieux, des époques et des peuples les plus divers » (2).

L'autre jugement intéressant sur Dupin est de Bastiat. « La restriction, dit Bastiat, a pour but

(1) Dupin, *Journal des Economistes*; février 1854, page 310.
(2) Dupin, *ibid.*

avoué d'augmenter le travail, et pour effet reconnu de provoquer la cherté qui n'est autre chose que la rareté des produits. Donc, poussée à ses dernières limites, elle est le « sisyphisme » pur tel que nous l'avons défini : travail infini, produit nul. M. le baron Charles Dupin accuse les chemins de fer de nuire à la navigation... M. le baron Dupin est dans la doctrine du sisyphisme (1). Ainsi, le sisyphisme est la doctrine de tous les hommes qui ont été chargés de nos destinées industrielles (2). »

Enfin, un dernier emprunt nous fixera sur la position prise par le baron Dupin, dans les discussions à l'Académie. Le sujet est « la Concurrence ». « Il faut, dit Dupin, faire des réserves sur plusieurs points du travail de M. Dunoyer sur la libre concurrence » (3). « Pour moi, ajoutait-il, je ne crois pas qu'il advienne un jour où tous les peuples arrivent à briser leurs barrières et à effacer leurs limites naturelles ou légales pour se confondre dans une vaste unité.

Je suis convaincu que le commerce et l'industrie gagneront à ce que les nations restent toujours en état de lutte et de concurrence ; sans cela, il n'y aurait pas de progrès possible. Ce que je demande, c'est que l'on ne pose pas en thèse absolue, que le privilège de la libre concurrence est un remède à tous les maux et

(1) Bastiat, *Les Sophismes Économiques*, pages 22 et 23.
(2) Bastiat *ibid.*, page 27.
(3) Dupin, Séances de l'Académie des Sciences morales et politiques, Vergé, 1843, III, page 457.

qu'il offre partout et toujours un élément de paix et de bonheur pour le genre humain. Je demeure convaincu que la concurrence ne pourra jamais être établie partout de la même manière, dans les mêmes termes, avec une égale étendue et je nie qu'elle fasse disparaître la physionomie caractéristique des nations et de leurs gouvernements. »

Et plus loin : « Ce que je blâme surtout et ce qu'il faut arrêter, c'est la concurrence illimitée, sans principes, sans pudeur et sans probité. Ce sont les excès de la concurrence qui ont rendu cette loi nécessaire... » (1). Nous le voyons, toujours réapparaît ce réalisme caractéristique chez Dupin. Pas de lois intangibles, tout est question de faits, de lieux, de temps, de milieux, pas de règles absolues. Comme dans la circonstance, la concurrence illimitée ne lui paraît pas bonne, il s'y montre opposé ; peut-être à un autre moment, dans d'autres circonstances, pourra-t-il la préconiser !

(*b*) Intervention en matière ouvrière. — L'opportunité pour notre auteur de l'intervention en matière ouvrière est indéniable. L'intervention doit se manifester en faveur des enfants surtout, en faveur des adultes même. Dupin s'attacha toute sa vie à cette protection des enfants et cela sans faiblesse, comme sans découragement devant le néant des résultats obtenus.

1° En faveur des enfants. — Dès mars 1840, rappor-

(1) Séances de l'Académie des Sciences morales et politiques, Vergé 1843, III, pages 460 à 465.

teur du projet de loi sur la protection des enfants employés dans les manufactures, il réclame immédiatement, contrairement à l'avis du ministre Cunin-Gridaine et du comte Rossi, des mesures gouvernementales énergiques (1). C'est grâce en partie à son intervention comme rapporteur que fut votée en faveur des enfants la loi de 1841 qui resta malheureusement inappliquée.

Une seconde fois, Dupin fut nommé rapporteur pour les modifications à apporter à la loi et son rapport lu à la chambre des Pairs les 29 juin 1847 et 31 janvier 1848. Sa défense de la loi est superbe, cette question des enfants lui tient tant au cœur (2) !

Sous l'Empire, en 1864, nouvelle intervention de Dupin en faveur des enfants. Ecoutons-le enfin, au Sénat, en 1867. Il s'agissait d'une loi d'enseignement primaire et, bien entendu, Dupin la défendait de toute son âme. Tristement, jetant un long regard vers le passé, il s'écriait : « En 1840 et 1841, lorsque nous avons fait la loi sur le travail des enfants dans les manufactures, nous avons parfaitement apprécié l'importance, la nécessité de l'inspection de ces établissements et des écoles.... Le Ministre de cette époque ne vit plus, mais c'est à cause de sa fâcheuse influence que nous n'avons pu réussir » (3).

2° En faveur des adultes. — Dupin est, quand il s'agit des ouvriers adultes, un interventionniste modéré.

(1) Dupin, *Moniteur officiel*, 6 mars 1840, page 426.
(2) Dupin, *ibid.*, 1847, pages 1839 et suivantes.
(3) Dupin, Sénat, 29 mars 1867, *Moniteur officiel*, page 384.

Dans son rapport de 1847, il demande pour les femmes, que le maximum de la journée de travail soit fixée à 12 heures (1). Quant aux adultes, il faut envisager la question avec beaucoup de sagesse ; il y a peut-être lieu d'attendre, mais il faut cependant bien se dire « que c'est une grande question que celle du temps absolu qu'on peut désirer pour le travail régulier des manufactures ». Il y a sur ce point, ajoute-t-il, « tout un avenir, et peut-être un avenir moins éloigné qu'on ne pense, pour le bien-être de nos classes laborieuses (2) ». Il cite ensuite l'exemple d'un manufacturier écossais des bords de la Clyde, qui diminua (sans réduire les salaires) les heures de travail, et obtint d'excellents résultats.

Le décret du Gouvernement provisoire du 2 mars 1848 étant venu, et ayant porté à 10 heures à Paris et à 11 heures en province la durée maximum de la journée de travail, une campagne contre ce décret s'organisait dès le mois de septembre de la même année.

Dupin qui, l'année précédente parlait « d'un avenir moins éloigné qu'on ne pense » pour une loi de réglementation en faveur des adultes, battait en brèche le décret du 2 mars, mais demandait énergiquement la fixation générale de 12 heures de travail maximum pour les adultes. Le décret du 2 mars a eu pour conséquence

(1) Dupin, *Moniteur officiel*, 1847, page 1843.
(2) Dupin, *ibid.*, 1847, page 1844.

de « faire perdre 1/10 sur le travail », et d'autre part, « il est d'un très grand avantage pour les manufacturiers honnêtes qu'une limite soit fixée ». Or, « les vrais ouvriers trouvent que 12 heures est une limite convenable à leurs forces.

« Ils sentent que si on veut leur donner 12 fois le prix d'une heure, ce sera beaucoup plus avantageux pour eux, leurs femmes et leurs enfants, que 10 fois le prix d'une heure (1) ».

Bref, Dupin réglementaire, mais réglementaire très modéré et adversaire du décret du 2 mars, s'attirait au sujet de cette discussion cette observation d'un rédacteur au *Journal des Economistes* : « Si M. Dupin s'est montré comme toujours réglementaire, il a répondu, à travers pas mal de buissons statistiques, de bonnes choses aux déclamations de M. Pierre Leroux (2).

Pierre Leroux avait, dans la discussion, défendu le décret du 2 mars ; Dupin l'avait combattu, mais avait demandé le fixation à 12 heures. Buffet et Faucher au contraire s'étaient montrés opposés à toute réglementation.

Nous savons que la limite de douze heures fut acceptée le 9 septembre 1848. Ce décret, Dupin le défendit encore en avril 1850 : « En fixant à douze heures, dit-il, le maximum de la journée de travail, la législation

(1) Dupin, *Moniteur officiel*, 31 août, 1848, pages 2249 et 2250.

(2) *Journal des Economistes*, tome XXI, août à novembre 1848, pages 221 et 222.

nouvelle, nous sommes heureux de le dire, a satisfait en même temps les patrons et les ouvriers » (1).

Son avis est, de plus à cette date, que si quelques exceptions peuvent être apportées, il faut bien y réfléchir, en bien peser le pour et le contre, mais surtout ne pas toucher à la limite générale de douze heures.

(*d*) Dupin et l'enseignement. — Dupin fut encore, et c'est un point important à noter, le créateur de l'enseignement populaire. L'enseignement mis à la portée du peuple faisait déjà partie de son programme dans ses cours et conférences de l'Académie ionienne à Corfou. Durant toute sa vie, il ne cessa de défendre l'enseignement populaire comme son œuvre propre.

Le duc Decazes ayant créé l'enseignement scientifique du Conservatoire des arts et métiers, Dupin y fut nommé professeur de géométrie et de mécanique.

Il avait été frappé par l'enseignement populaire en Angleterre, à Glasgow plus particulièrement. Il se mit à l'œuvre pour acclimater en France un enseignement analogue. Il lui fallait des auditeurs, et ceux qu'il recherchait particulièrement étaient des ouvriers. Il entendait les faire profiter d'utiles conseils, examiner avec eux les progrès des sciences et des arts, et cela au moyen de ses recherches personnelles.

Mais ses auditeurs, il lui fallait les attirer par la « promesse de conseils très prochainement utiles, et

(1) Dupin, *Moniteur officiel*, 27 avril 1850, page 1393.

par un tour agréable et facile » (1), donné aux questions scientifiques les plus ardues. Il devait mettre les mathématiques à la portée des esprits appelés à s'en servir pratiquement mais sans connaissance préalable des « grands et difficiles principes » (2). C'était une innovation, dans l'enseignement, une méthode nouvelle, bientôt imitée par tous les pays qui se mirent à organiser des cours semblables aux siens.

Ces cours, et ceux de Poncelet, qui dans une forme très différente, tendaient au même but, eurent un énorme succès et nombreux furent les Parisiens qui les suivirent pour « avoir l'impression superficielle et brillante d'un monde inconnu et nouveau ». Aujourd'hui encore dit Bertrand, « Dupin a des lecteurs et Poncelet des disciples » (3).

L'instruction était avant tout une force productive « et à l'ignorance, Dupin avait déclaré une guerre sans trêve ». Il ne lui avait pas suffi de vouloir la science pour elle-même, il la voulait pour instruire, « pour élever les classes laborieuses » (4). C'est dans ce but qu'il se chargea comme président de l'Académie, et sur la demande du général Cavaignac, « de faire rédiger tous ces petits traités sur toutes les grandes questions morales, sociales et religieuses qui furent une des plus nobles parties des Annales de l'Académie » (5).

(1-2) Bertrand, *Op., cit.*, page xix.
(3) Bertrand, *Op. cit.*, page xxiij.
(4-5) Lévêque, Séances de l'Acad. des Sc. mor. et polit., Vergé, 1873, vol. 99, pages 609, 610 et 611.

En un mot après avoir par ses recherches donné à la science la plus vivace impulsion, il a longtemps et généreusement travaillé à l'enseignement des classes populaires. Elles devront lui en avoir une éternelle reconnaissance !

III. *Conclusion*. — En tant qu'économiste, Dupin fut avant tout un éclectique. Libéral dans sa jeunesse et sur certains points, interventionniste sur d'autres, nous savons qu'homme de pratique plutôt que de théories, il redouta toujours les systèmes absolus, les « Ecoles ». Mais n'est-ce pas une Ecole que cette théorie même ? Evidemment si.

Aussi croyons-nous pouvoir justement classer Dupin dans l'école réaliste (du groupe non historique, mais *statistique*), Ecole assez développée aujourd'hui, particulièrement en Allemagne et dont nous pouvons incontestablement l'affirmer un des précurseurs.

CHAPITRE VIII.

Tendances interventionnistes des économistes libéraux contemporains.

Les lois de réglementation ouvrière à notre époque.

---

§ Ier. — ÉTAT DE LA LÉGISLATION EN MATIÈRE DE RÉGLEMENTATION DE LA DURÉE DU TRAVAIL.

1. *Loi du 2 novembre 1892.* — Il y a un an à peine, notre pays était encore régi en matière de réglementation du temps du travail par une loi du 2 novembre 1892. Les enfants de 13 à 16 ans ne pouvaient travailler plus de 10 heures par jour ; de 16 à 18 ans les hommes comme les femmes plus de 11 heures par jour et de 60 heures par semaine (article 3). Les filles et femmes de plus de 18 ans étaient soumises à un travail maximum de 11 heures par jour, mais sans limitation du travail hebdomadaire. Et pour toutes ces catégories, un repos minimum de 1 heure devait couper le travail.

Quant aux adultes ils restaient soumis au décret-loi du 9-14 septembre 1848, qui fixait la journée de travail à 12 heures.

II. *Loi du 30-31 Mars 1900.* — Le 30 mars 1900 intervenait une nouvelle loi qui modifiait la loi du 2 novembre 1892, aussi bien que le décret-loi du 9 septembre 1848. C'est elle qui régit aujourd'hui la France. Les jeunes ouvriers et ouvrières jusqu'à l'âge de 18 ans, ainsi que les femmes, ne peuvent être employés à un travail effectif de plus de 11 heures par jour, coupé par un ou plusieurs repos dont la durée totale ne pourra être inférieure à une heure et pendant lesquels le travail sera interdit.

Au bout de deux ans, après la promulgation de la présente loi, la durée du travail sera réduite à 10 heures 1/2, et au bout d'une nouvelle période de deux années, à 10 heures.

De plus, dans chaque établissement, sauf les usines à feu continu et les mines, minières ou carrières, les repos auront lieu aux mêmes heures, pour toutes les personnes protégées par la présente loi.

Enfin, une disposition extrêmement importante figure à l'article 2. Il ajoute à l'article 1er du décret des 9-14 septembre 1848 la disposition suivante : « Toutefois dans les établissements énumérés dans l'article 1er de la loi du 2 novembre 1892, qui emploient dans les mêmes locaux des hommes adultes et des personnes visées par ladite loi, la journée de ces ouvriers ne pourra excéder 11 heures de travail effectif. Dans le cas du paragraphe précédent, au bout de 2 ans à partir de la promulgation de la présente loi, la journée sera réduite à 10 heures 1/2 et au bout d'une nouvelle période de 2 ans à 10 heures. »

§ 2. — POSITION PRISE PAR LES HOMMES POLITIQUES DE NUANCE LIBÉRALE LORS DES DISCUSSIONS PARLEMENTAIRES RELATIVES A CES LOIS.

I. — *Au Sénat.* — Dès le mois de juillet 1894 (à la séance du 10 juillet) une discussion s'engageait au sujet de modifications à apporter à la loi de 1892 et au décret de 1848. Le sénateur Buffet prononçait à ce sujet les paroles suivantes : « Je désirerais seulement qu'on retranchât de cette proposition primitive ces mots « les femmes ». Il n'y a aucun rapport entre les deux questions du travail des enfants et du travail des adultes. Pour le travail des enfants l'intervention du législateur m'a toujours paru absolument légitime. Les enfants ne disposent pas d'eux-mêmes, quant aux adultes, je considère comme illégitime tout acte du législateur portant atteinte — je l'ai dit, il y a bien des années — à cette propriété, la plus sacrée de toutes et qui est souvent la seule, que possède l'ouvrier, la propriété de son travail, la libre disposition de sa puissance de travail. La limiter, c'est, en réalité, prendre l'engagement qu'aucun législateur ne pourrait tenir de le garantir contre tout abaissement de salaire résultant de la réduction de la durée de son travail » (1).

Voilà comment le sénateur Buffet parlait en 1894. Ne sont-ce pas là les mêmes idées que celles préconisées par Blanqui dans son « Histoire de l'Economie politique » en 1835, lorsqu'il écrivait : « Dunoyer a très bien démontré qu'il y avait imprudence et témérité à promettre à tous les hommes un océan de félicité, dont il n'est donné qu'à un petit nombre d'entrevoir les rivages » (2). Les idées sur ce point sont donc restées les mêmes ; elles auraient presque reculé puisque Blanqui souhaitait l'interdiction du travail pour les femmes et que Buffet, au contraire, s'opposait à cette interdiction, estimant qu'elle était contraire à la liberté et au véritable intérêt des ouvrières.

§ II. — *A la Chambre des Députés.* — Une discussion de principes, toujours sur l'opportunité de ce qui devait être la loi de mars 1900, avait lieu à la Chambre des Députés dans les séances du 11 au 27 juin 1896. La loi n'était pas encore votée, et sa discussion ne reprenait qu'en 1899, pour cette fois, aboutir en mars 1900.

La lecture du *Journal officiel* nous apprend que les députés qui défendirent la protection des enfants et

(1) Buffet, Sénat, 10 juillet 1894 (*Officiel*, page 661).
(2) Blanqui, *Histoire de l'Economie politique*, p. 436

des femmes, voire même des adultes, mais à des degrés divers, furent MM. Prudent Dervillers, de Mun, J. Guesde, Deschanel, Lavy, G. Rivet et que ceux qui plaidèrent pour l'entière liberté des contrats furent MM. Aynard et Labat.

Il importe de reproduire les principaux arguments que firent valoir ces députés de l'École libérale.

« Si je ne m'étais levé pour parler, dit M. Aynard, le 25 juin 1896, j'aurais laissé croire qu'il n'y avait plus dans cette enceinte de partisans de la doctrine libé. rale...

« Il y a un dernier degré de l'interventionnisme, le minimum, c'est celui que représente l'école libérale à laquelle j'appartiens.

« Cette école libérale prouve qu'elle admet l'intervention d'État sur certains points, puisque dans la loi que nous discutons en ce moment, elle admet la protection des enfants et a voté pour la suppression du travail de nuit... ainsi que pour élever à 13 ans l'âge d'admission des enfants dans les usines. Mais ce qu'elle ne veut pas, c'est qu'on limite le travail des gens libres ; il y a des hommes, des femmes qui sont majeurs et nous refusons sur ce point-là toute intervention de l'Etat. Voilà les positions nettement marquées..... »

« Le principe de la réduction des heures qui n'a l'air de viser que les femmes et les enfants, n'est, en réalité, qu'une machine légale, construite pour peser sur tout le contrat de travail. M. Waddington a déclaré avec la dernière netteté qu'il était impossible de limiter dans la plupart des industries le travail des femmes et des enfants sans limiter en même temps le travail des majeurs.

« On se sert de cet argument « de sensibilité » qui est celui de la protection du faible contre le fort. Il n'y a pas besoin de loi pour cela. Vous voulez toujours légiférer sur des choses morales. On est toujours le faible de quelqu'un, on est toujours le fort de quelqu'un et lorsque vous voulez transporter de pareilles maximes dans votre législation vous arrivez tout simplement à la tyrannie. Quand vous proposez à l'ouvrier de réduire son temps de travail, il comprend, il entend qu'on ne réduira pas son salaire ».

Les députés interventionnistes de la Chambre ayant déclaré qu'effectivement il n'était pas dans leur esprit de réduire les salaires, M. Aynard reprit :

« La réduction des heures, c'est bien entendu, entraîne le minimum de salaires. Si on faisait un référendum, et qu'on posât la question. « Voulez-vous limiter les heures de travail? » Oui, à l'unanimité! Puis voulez-vous limiter les heures de travail avec réduction proportionnelle de votre salaire »? Je vous réponds de l'unanimité contraire! Par suite de la réduction des heures, il y a moindre production, et il y en aura moins à partager. »

M. Aynard s'adressant à M. Vaillant qui protestait

« lui dit : « Alors vous niez cette formule : à produit réduit, salaire réduit ? »

Puis M Aynard continue : « Je vous propose de vous laisser la liberté alors que vous voulez nous la prendre... »

« La machine de la production, la machine de la circulation de tous les produits fabriqués et de tout ce qui est propre à la consommation générale de l'homme, cette machine est extrêmement délicate, et on ne peut pas y toucher comme certains d'entre vous le croient. En France nous avons de vieilles industries qui se concurrencent de plus en plus et les exigences des capitalistes et des directeurs de la production s'amoindrissent constamment... »

Les lois sociales, dont la loi sur le travail des enfants et des femmes est un des types les plus achevés, font partie de cet ensemble d'actes législatifs qui représentent une sorte de persécution industrielle ».

« Cette loi sera mauvaise, car elle déchargera le patron d'accomplir son devoir, et vous ferez tout faire, mal faire, par vos inspecteurs ».

« Nous ne consentirons jamais à substituer le règlement au devoir ».

« Le progrès s'opère de lui-même, malgré vous, par le travail incessant. Nous ne croyons qu'au devoir chez le patron et l'ouvrier » (1).

(1) *Journal Officiel*, Chambre des députés, 25 juin 1896, pages 1056 et suivantes.

A la séance du 27 juin 1896, M. Labat s'associait aux idées de M. Aynard :

« M. Aynard a parfaitement dit que l'humanité n'avait pas le droit de se plaindre d'un excès de production, tant qu'il y aurait des gens qui manquent du nécessaire. Je partage cet avis. Je dis en terminant : il faut, dans le projet qui nous est soumis, repousser toutes les dispositions relatives au travail des adultes parce qu'elles constituent un problème excessivement grave (1). »

Pour lui, selon que ce problème sera bien ou mal résolu, ce sera la prospérité ou la ruine des intérêts que la Chambre a toujours à cœur de servir.

§ 3. — POSITION PRISE PAR LES ÉCONOMISTES LIBÉRAUX DOCTRINAIRES LORS DE CES DISCUSSIONS. — MM. YVES GUYOT ET DE MOLINARI.

I. — *M. Yves Guyot.* — « En 1892, dit M. Yves Guyot, traînait une proposition de loi en France pour les enfants et les femmes. La loi fut votée. « Mais je ne sais par quel hasard son texte contient cette disposition de la limitation du travail des enfants à 10 heures et des femmes à 11 heures. » Et plus loin :

« Quoi de plus absurde, que de mettre, peut-être par la neige, la pluie, l'enfant à la porte de l'atelier une heure avant sa mère.

(1) *Journal Officiel*, Chambre des députés, 27 juin 1896.

« Le travail, était désorganisé, l'homme avait le droit de travailler 12 heures, la femme 11 heures, les enfants 10 heures, tout le monde était mécontent et..... cette loi a contribué à la paix sociale comme des brandons contribueraient à l'extinction d'un incendie. »

« D'ailleurs le ministre a décidé de violer la loi et de ne pas y tenir la main » (1).

Rien mieux que ce passage ne pouvait nous donner l'opinion d'un pur libéral sur les différentes lois ouvrières.

II. — *M. de Molinari, après la loi du* 2 *novembre* 1892. — L'opinion de M. de Molinari au sujet des longues discussions qui précédèrent cette loi était la suivante: « Ce sont les mêmes bonnes intentions dont l'enfer est pavé, dit-on, qui ont inspiré la loi limitative de la durée du travail des garçons, des filles mineures et des femmes. »

« L'abus du travail féminin et même masculin est certainement un mal, mais quel a été l'effet du remède emprunté au codex réglementaire ? Ça été de provoquer l'abaissement du salaire déjà insuffisant des ouvrières et d'introduire dans les rapports du capital et du travail un nouveau ferment d'agitation et de mécontentement (2). »

(1) *Revue politique et parlementaire*, Yves Guyot, article intitulé : « La conférence de Berlin et la législation internationale du travail », 1897, tome XIV, pages 519 et suivantes.

(2) *Journal des Economistes*, Chronique de Molinari, Janvier-Mars, 1893, 194, page 322.

M. de Molinari considère donc cet effet comme absolument nul, sinon nuisible.

III. — *M. de Molinari après la loi du 30 mars 1900.* — M. de Molinari écrivait : « Rien ne démontre mieux l'incapacité du gouvernement à remplir les fonctions de tuteur que les vicissitudes de la réglementation du travail. En vertu de la loi de 1892 sur le travail des enfants et des femmes dans les manufactures, les enfants de 13 à 16 ans ne peuvent être employés plus de 10 heures par jour. »

« De 16 à 18 ans le maximum est de 11 heures par jour et de 60 heures par semaine. Au-dessus de 18 âns, il est de 11 heures par jour, pour les femmes. Les enfants, les femmes et les adultes travaillant ensemble dans la plupart des industries, cette loi a présenté des difficultés d'exécution qui ont fini par la faire passer à l'état de lettre morte. »

« La Chambre vient, en conséquence, de la remplacer par une autre (celle qui sera promulguée en Mars) qui unifie provisoirement à 11 heures la durée du travail pour tout le monde. Provisoirement disons-nous, car dans 3 ans la limite sera ramenée à 10 h. 1/2 et dans trois autres années, en 1906, à 10 heures. En attendant, les enfants qu'il s'agit particulièrement de protéger contre l'abus de leurs forces travailleront d'abord 1 heure, puis 1/2 heure de plus qu'ils n'y étaient autorisés par la loi de 1892. C'est une surcharge actuelle de travail que l'État impose à ses pupilles les plus faibles, en vue d'alléger successivement celle des plus robustes. »

« Seulement, on ne manquera certainement pas de reconnaître avant l'expiration du provisoire que la limite générale de 10 heures est incompatible avec l'état de l'industrie et l'on remettra sur le métier parlementaire la toile de Pénélope de la réglementation du travail. Un exemple typique de l'absurdité malfaisante de cette réglementation nous est fourni par le Journal *La Fronde*. Il sagit du travail de nuit interdit à certaines catégories d'ouvrières et permis à d'autres..... (femmes typographes, femmes plieuses » (1).

(1) *Journal des Economistes*, Chronique de Molinari, janvier 1900, page 151.

CHAPITRE IX.

Opinion générale, sur la question, des Economistes libéraux dans leurs ouvrages dogmatiques (1).

---

§ 1er. — M. YVES GUYOT.

1. *Sur l'intervention en matière ouvrière.* — Pour M. Yves Guyot faire une loi de réglementation des heures de travail, « c'est revenir peu à peu aux règlements de Colbert. Car si l'État intervient dans la fixation de la durée des heures de travail, il doit intervenir dans la fixation du salaire. Ce sont les deux faces de la même question » (2).

Toutefois, il admet « que la loi protège le travail des enfants dans les manufactures. Ils ne peuvent se défendre (3) ! »

(1) On comprendra le sentiment délicat qui nous a empêché de mêler à cette discussion, le nom de l'éminent professeur à la Faculté de droit de Paris, M. Paul Bauregard.

Nous tenions toutefois, et c'est le but de cette note, à ne pas discuter, sans citer son nom, les opinions des économistes libéraux contemporains.

(2) Yves Guyot, *La Science Economique*, 1887, Chapitre XII, page 323.

(3) Yves Guyot, *ibid.*, pages 323-324.

Mais ce dont il doute fort, et c'est pourquoi il ne préconise pas cette mesure, c'est que cela « soit un avantage pour l'enfant. C'est un avantage pour l'industrie » (1).

De plus, est-ce encore une mesure bien urgente que cette protection des enfants ? M. Y. Guyot semble même aller jusqu'à l'abandonner, quand il écrit : « Je reconnais avec M. Spencer que les enfants doivent recevoir des secours en proportion de leur incapacité ».

Mais tandis que les enfants destinés aux professions libérales, sont éreintés d'examens et de surmenage, « on retarde tous les jours le moment où se mettent à l'œuvre les enfants destinés au travail manuel. On trouve qu'ils travaillent toujours trop » (2).

Ce tableau des enfants des manufactures, élevés, choyés, gâtés, nous paraît des plus fantaisistes, et nous nous demandons, dans quelles manufactures et dans quelles contrées M. Y. Guyot a pris ses renseignements !

Cette méthode de douceur continue-t-il doit éloigner les jeunes gens « des métiers et les reporter vers les professions bureaucratiques » (3).

« C'est le but toujours atteint » par la réglementation en faveur des enfants.

Quant à la protection des femmes, M. Y. Guyot s'y

(1) M. Yves Guyot, *La Science Economique*, 1887, Chap. XII, p. 323-324.

(2) Yves Guyot, *Revue politique et parlementaire*. « La Conférence de Berlin et la législation internationale » 1897, tome XIV, p. 520.

(3) Yves Guyot, *Revue politique et parlementaire*. « La Conférence de Berlin et la législation internationale, » 1897, tome XIV, p. 520.

montre absolument hostile et un des arguments sur lequel il insiste est précisément que les femmes demandent à ne pas être protégées.

« Sous prétexte de les protéger, dit-il, on les exclut de certaines professions. Si on leur interdit le travail de nuit dans les manufactures, pourquoi ne le leur interdirait-on pas aux Halles ? Les plieuses de journaux devraient être remplacées par des plieurs. Singulière manière d'augmenter les débouchés du travail féminin ! Cet esprit restrictif peut conduire loin. On arrive vite à l'absurde quand on fait intervenir la loi dans les conditions du travail. Liberté du contrat entre l'employeur et le travailleur, indépendance des deux contractants, voilà ce que doit garantir la loi ! » (1).

La loi française du 2 novembre 1892, dit-il ailleurs, a édité l'interdiction du travail de nuit pour les femmes adultes. Pourque cela ?

« En vertu de cette conception a priori que pour protéger les femmes et les maintenir dans la vertu, le législateur a le devoir de les empêcher de travailler ! Vraiment, MM. les bons apôtres, si vous empêchez la femme de gagner sa vie, vous chargez-vous de la lui assurer ? » (2).

Le vrai prétexte, est, à son avis, de les empêcher de concurrencer les hommes (grève des ouvriers de Paul Dupont, 1862).

Une enquête auprès des femmes, montrerait qu'elles

(1) Yves Guyot, *La Science Economique*, 1887, chapitre XII, page 324.
(2) Yves Guyot, *Revue politique et parlementaire* 1897, t. XIV, p. 521.

sont toutes opposées à ces mesures à tel point que en 1888, quand à la Chambre des Députés il com-battit l'interdiction du travail de nuit pour les femmes, M. Yves Guyot affirme que plus de mille protestations vinrent l'encourager à la résistance.

Il dit aussi : « Du moment qu'on règle le travail des femmes adultes, le principe de l'ingérence est établi ».

Si on élimine les femmes de certains métiers, le travail des hommes devra être abaissé au niveau de celui des femmes dans les travaux communs. On trouve la limite de onze heures bonne, mais « on ne voit pas les répercussions résultant d'une pareille ingérence de l'Etat. Réduction des heures de travail, soit, mais maintien du salaire et, s'il est réduit, grèves » (1) !

Quant à l'adulte, il n'y a nullement lieu de le protéger ; « il est maître de sa personne. Que la loi protège les mineurs, les fous, les incapables ; mais va-t-on considérer l'ouvrier adulte comme un incapable » (2) ? La fixation par l'Etat des heures de travail, pour les femmes et les hommes adultes, devrait nécessairement entraîner la fixation par l'autorité du taux du salaire.

Toutes ces fixations seraient mauvaises. Peu importe d'ailleurs qu'on les fixe, car elles ne pourront subsister :

« L'Etat peut fixer tous les minima de salaire et tous les maxima d'heures de travail qu'il lui plaira ; mais s'il les établit de telle sorte que le prix de revient

(1) Yves Guyot, *Les principes de 89 et le socialisme*, page 210.

(2) Yves Guyot, *Revue politique et parlementaire*, 1897, tome XIV, pages 524 et 527.

devienne trop élevés, les clients disparaissent, les débouchés se ferment, le travail s'évanouit et l'ouvrier est réduit au chômage (1).

II. *Appréciations et résultats de la Conférence internationale de Berlin (mars 1890).*— Blanqui, dans son cours d'Economie industrielle, préconisait les traités internationaux en matière de réglementation du travail. Il faut en essayer, disait-il, car on peut en attendre d'excellents résultats.

Ce que Blanqui demandait, l'empereur d'Allemagne devait le tenter une soixantaine d'années plus tard, le 15 mars 1890.

A cette date, une conférence internationale réunie sous les auspices de l'empereur Guillaume se tenait à Berlin du 15 au 29 mars 1890.

Il devait y être traité des questions ouvrières, au point de vue international.

Cette réglementation entre tous les peuples, que le libéral Blanqui demandait, comment fut-elle accueillie par nos libéraux français de 1890 ?

C'est d'abord M. Yves Guyot, qui, parlant des résolutions votées par cette conférence, déclare « que loin d'être le résultat de l'expérience, elles ne sont inspirées que par certaines conceptions plus ou moins sentimentales, et le désir de vouloir faire semblant de faire quelque chose ». Plus loin, il porte ce jugement :

« La conférence émit des vœux en faveur des enfants

(1) Yves Guyot, *La morale de la concurrence*, page 52.

et des femmes. Pour les enfants, elle fixa 12 ans, sauf pour les pays méridionaux où la limite était 10 ans. En faisant cette distinction, la conférence montrait jusqu'au ridicule l'impossibilité de la tâche que lui avait fait entreprendre l'empereur d'Allemagne » (1).

Nous ne voyons pas, quant à nous, sur quoi M. Yves Guyot fonde ce jugement pas plus que le « ridicule » de la tâche.

Que la conférence ait fixé une limite pour les enfants, et tenté de ménager leurs forces et les intérêts de l'industrie dont les besoins peuvent être différents suivant les contrées et les pays, nous ne voyons en tout cela que sagesse et précaution des plus louables, surtout si nous envisageons que la conférence faisait intelligemment corroborer ces besoins avec le développement physique des jeunes ouvriers, développement plus ou moins précoce suivant les races.

D'ailleurs, M. Guyot déclare que la conférence, de l'avis du professeur Raffalovich, « aboutit à une négation » (2) de toute possibilité d'entente internationale regrettée, mais avouée par le professeur Herkner.

Encore que l'avis de ces deux membres de la conférence ne soit pas parole sacrée et forcément vraie ! Encore enfin, que l'échec d'une conférence ne prouve pas l'impossibilité absolue d'aboutir à un meilleur

(1) Yves Guyot. *Revue politique et parlementaire de 1897*, tome XIV « La Conférence de Berlin et la Législation internationale du travail », pages 518 et 519.

(2) Yves Guyot, *Revue politique et parlementaire*, 1897, t. XIV, « La conférence de Berlin et la législation internationale du travail », page 527.

résultat dans d'autres temps! Peut-être les intérêts individuels des représentants des différentes puissances ont-ils été trop égoïstement maintenus par les divers représentants? Peut-être les membres de la Conférence ont-ils trop voulu acquérir dans une première tentative, et sont-ils allés ainsi à un échec? Il y a des graduations très lentes à observer quand ont veut s'engager dans la voie du progrès. L'heure d'une pareille époque n'a peut-être pas encore sonné? Sa possibilité naîtra peut-être, plus tard, de circonstances modifiantes intervenues dans l'industrie.

Peut-être, enfin, a-t-on voulu avoir un accord général de toutes les puissances, c'est-à-dire d'intérêts vraiment trop dissemblables, alors que l'accord aurait été possible entre quelques puissances seulement? C'aurait été déjà un utile premier pas.

Quoi qu'il en soit, la tentative de l'empereur d'Allemagne était des plus louables. Il faut remarquer avec étonnement que le libéral Blanqui l'aurait vue se produire avec enthousiasme, alors que l'économiste libéral Yves Guyot la taxe durement d'entreprise « ridicule ».

D'autres économistes libéraux, d'ailleurs, pensent comme lui, mais sont moins tranchants peut-être.

Il n'est pas jusqu'à M. de Molinari qui n'écrive que la conférence de Berlin doit être félicitée « de n'avoir exprimé ses résolutions que sous forme *de simples vœux* » et ensuite de n'avoir traité que « la question du travail des femmes et des enfants » (1). Bref, il se

(1) De Molinari, *Journal des Économistes*, chronique, avril 1890, page 151.

félicite que la conférence n'ait pas abouti, car, pour lui, que sont ces vœux? Rien. Autant en emporte le vent!

Que les vœux restent et dorment en paix, que lui importe à ce libéral sceptique et « sans confiance » « meme dans l'efficacité des règlements nationaux ou internationaux destinés à protéger les mineurs » (1), enfants et adolescents, faibles et sans force! Quant aux majeurs, il ne peut en être question un seul instant.

Inefficacité des règlements en faveur des enfants, inutilité par conséquent de les faire! Voilà où en arrivent, poussés dans leurs derniers retranchements, nos libéraux de 1890!

§ II. — M. Leroy-Beaulieu.

M. Leroy-Beaulieu, sans être aussi ennemi de l'intervention que MM. Yves Guyot et de Molinari qui ne l'admettent que pour les enfants — et encore, persuadés qu'on fait œuvre au moins inutile, en les protégeant, — ne se montre guère plus avancé dans la voie de l'intervention ouvrière.

Il se cantonne à peu près dans les données de Blanqui, de Faucher et va bien moins loin que le baron Dupin. L'examen de quelques-uns de ses ouvrages doctrinaires, nous fournit les indications suivantes :

(*a*) En faveur des enfants. — Il ne veut pas voir comparer les enfants aux femmes « en se basant sur ce que

(1) De Molinari, *Journal des Economistes*, chronique, avril 1890, page 151.

les uns et les autres sont physiquement faibles ». Il n'admet, par conséquent pas que « les lois qui régissent le travail de ceux-ci, soit étendues au travail de celles-là ». A leur égard donc, « non à cause de leur faiblesse physique, mais parce que ce sont des êtres incomplets, dépendants, qui n'ont pas la disposition d'eux-mêmes », il admet une loi d'intervention.

Cette loi est basée sur ce « qu'elle n'est pas une restriction imposée à la liberté de l'enfant, mais une garantie qu'elle lui donne contre les abus » (1). Toutefois, même en ce qui concerne les enfants « la tutelle officieuse de l'Etat doit être limitée. A partir de 12 ans, l'enfant doit faire quelque travail manuel » (2).

Quelle est alors la mesure qu'il pose en matière d'intervention en faveur des enfants ?

Ce qui existait en France, à savoir (3) :

« De 10 à 12 ans, 10 heures ».

« De 12 à 14 ans, sans instruction, 6 heures ».

« De 12 à 14 ans, avec instruction, 12 heures ».

« Pas de travail de nuit pour tous les hommes au-dessous de 16 ans et les filles au-dessous de 21 ans, et de plus, un jour de repos par semaine ».

Quant à la journée maximum de 12 heures, elle n'était pas faite pourtant pour lui déplaire.

M. Leroy-Beaulieu, dans ce passage, ne se montre donc pas trop opposé aux mesures d'intervention.

(1) Leroy-Beaulieu, *Le travail des femmes au XIXe siècle*, page 202.
(2) Leroy-Beaulieu, *L'Etat moderne et ses fonctions*, page 340, édition 1891.
(3) Leroy-Beaulieu, *Ibid.*, page 338.

Peut-être pense-t-il que, depuis 1848, où la limite de 12 heures a été fixée, l'industrie n'en a pas trop souffert, et qu'il y aurait mauvaise grâce à se montrer trop rigoureux.

Et c'est précisément le grand reproche que nous faisons à la plupart de nos libéraux contemporains. C'est un tort peut-être de ne vouloir rien tenter en matière de réduction des heures de travail, alors que certaines tentatives en ce sens, notamment les douze heures fixées en 1848, ont indéniablement réussi. Si cela n'avait pas été tenté et risqué courageusement et avec une certaine audace, l'ouvrier en serait encore à attendre un peu de bien-être et de sécurité !

Une fois exécutées les tentatives préconisées par des économistes professant d'autres théories qu'eux et seulement après la réussite de ces tentatives, les libéraux en sont arrivés à s'y associer peu à peu. Avec la tactique des purs libéraux, le progrès n'est guère possible.

(*b*) En ce qui concerne les femmes. — M. Leroy-Beaulieu n'est pas d'avis de réglementer le travail des femmes et d'autoriser leur admission dans certains ateliers ou dans certaines industries et pas dans d'autres.

Ce serait « évidemment porter une atteinte à la liberté humaine. »

Pour qu'on puisse soutenir pareille théorie, il faudrait admettre que la femme est « une mineure d'une espèce spéciale, dont la minorité durerait toute la vie ».

« C'est en même temps revendiquer pour l'Etat une responsabilité immense. » (1) Donc, pas de doute. « La réglementation du travail qui est une protection pour l'enfant, serait une oppression pour la femme » (2).

Il ne faut d'ailleurs, à son avis, pas trop tirer argument de ce que les machines ont exagéré le travail des femmes et des enfants, car si cela a pu se produire, c'était seulement pendant « la période chaotique de la grande industrie ».

La réglementation sur le travail des enfants et des filles mineures y a d'ailleurs, et heureusement, mis bon ordre (3).

(*c*) Sur l'intervention en général. — Nous l'avons vue admise, dans certaine limite, pour les enfants et repoussée pour les femmes qui ne peuvent être considérées toute leur vie comme des mineures. Les considérer comme telles serait pour l'Etat prendre une énorme responsabilité. Il ne doit donc l'accepter en faveur d'aucun être adulte. « C'est d'abord, en effet, une notion fausse, que de croire que l'Etat ait pour but de constituer et de régulariser la société suivant un plan idéal » et puis, si on acceptait cela, on irait forcément plus loin, « car il n'est aucune doctrine consistante, aucune théorie qui ne soit glissante et dangereuse. Tout empiètement de l'Etat au delà de ces limites, amène nécessairement des empiètements ultérieurs ; il devient impos-

(1) Leroy-Baulieu, *Le travail des femmes au XIXe siecle,* » page 189.
(2) Leroy-Baulieu, *ibid.*, page 203.
(3) Leroy-Beaulieu, *Traité d'Economie politique*, 1896, tome I, page 430.

sible de fixer un point d'arrêt. C'est en vain que par des analogies fallacieuses ou de captieuses métaphores, l'on s'efforce de légitimer l'action de l'Etat en dehors de ce domaine réservé et nettement circonscrit » (1).

Au résumé, intervention possible seulement « pour les enfants et les filles mineures » (2), M. Leroy Beaulieu le déclare formellement dans son livre *Le travail des femmes*.

Il se montre toutefois un peu plus explicite dans son *Etat moderne et ses fonctions*, et après avoir déclaré qu'il acceptait la législation du travail de 1848 et de 1892, tout récemment en vigueur en France (3) il ne pouvait souscrire à la nouvelle loi en préparation, loi votée par la Chambre et étudiée par le Sénat.

Cette loi qui « interdit pour les femmes tout travail de nuit et qui limite pour tous les ouvriers la durée du travail à 11 heures » est à la fois « excessive » en « ce qu'elle diminue la liberté des ouvriers majeurs » et « insuffisante » en ce qu'elle « permet une journée trop longue aux enfants de 12 à 14 ou 15 ans employés dans les fabriques » (4).

En un mot et comme conclusion : « Il n'y a pas d'intervention légitime de l'Etat pour déterminer la durée du travail qu'en ce qui concerne l'enfant, l'adolescent des deux sexes, la fille mineure. Peut-être pourrait-on y joindre la femme enceinte ou relevant de couches (5) ».

(1) Leroy-Beaulieu, *Le travail des femmes au XIXe siècle* pages 195 et 196.
(2) Leroy-Beaulieu, *ibid.*, 430.
(3-4-5) Leroy-Beaulieu, *l'Etat moderne et ses fonctions*, page, 338 et 339.

Telle est exactement la limite, admise par M. Leroy-Beaulieu, limite un peu plus étendue que celle qu'il indiquait dans son *Travail des femmes au XIXe siècle*, où il ne voulait d'intervention qu'en faveur des enfants et des filles mineures.

§ III. — CONCLUSION.

Les libéraux contemporains — et évidemment nous avons choisi ceux qui sont empreints du plus pur libéralisme — vont-ils réellement moins loin dans la voie de l'intervention que nos libéraux du commencement du siècle?

Encore que, ni MM. Yves Guyot et de Molinari ne croient guère à l'efficacité des mesures en faveur des enfants, alors que tous nos libéraux de 1830 demandaient ces mesures : on peut dire que tous les libéraux que nous avons étudiés (Blanqui, Fix, Faucher et le réaliste Dupin), ainsi que les plus purs libéraux modernes, MM. Yves Guyot, de Molinari, Leroy-Beaulieu, admettent l'intervention en faveur des enfants.

En faveur des femmes, nos libéraux de 1830 et particulièrement Blanqui, désirent, souhaitent qu'il leur soit interdit de travailler dans les manufactures ; quant au travail de nuit, pour les ouvrières aucun d'eux ne soulève la question, mais il est probable que Blanqui en aurait été l'adversaire, puisqu'il allait jusqu'à « rêver l'interdiction complète » !

Nos contemporains au contraire, MM. Yves Guyot, de Molinari, et Leroy-Beaulieu (exception faite pour ce dernier en faveur des femmes en couches) repoussent en théorie toute intervention en faveur des femmes.

Pour demeurer impartial, il faut dire que M. Leroy Beaulieu, malgré ces grands principes dont il ne peut ni ne veut se départir, avoue que les 12 heures maximum, établies en 1848, n'ont pas produit de mauvais résultats.

Au sujet des traités internationaux, réglementant le travail, nous trouvons encore nos libéraux de 1830 en avant, et nous entendons Blanqui les préconiser. Nous voyons au contraire les libéraux contemporains, MM. de Molinari et Yves Guyot attaquer par principe, et sans même essayer de la discuter à fond et d'attendre sagement les résultats d'essais encore à tenter, la Conférence internationale du travail à Berlin en 1890.

Nous avons fixé la mesure de l'interventionnisme des libéraux de chacune de ces deux époques, mais, nous plaçant à un autre point de vue, nous pouvons nous dire maintenant que pour l'époque (il y a plus de 60 ans qu'écrivaient nos hommes de 1830 !) nos libéraux contemporains sont à *l'arrière-garde* de tout mouvement, de toute tentative interventionniste, alors que nos libéraux de 1830 étaient à *l'avant-garde*.

Plus de 60 années se sont écoulées, et les économistes

libéraux contemporains, (en admettant qu'ils aillent aussi loin dans l'intervention que ceux de 1830), n'ont pas trouvé, n'ont pas cherché à aller un peu de l'avant.

Ce stationnement paraît un recul.

Tandis que les écrivains de 1830 innovaient, cherchaient, demandaient cette loi de 1841 en faveur des enfants se plaçaient enfin franchement à la tête d'un mouvement, nos libéraux contemporains essayaient eux, d'entraver l'évolution des idées, de retarder le mouvement en avant! Ne sont-ils pas les traînards de l'armée du progrès ?

Sans en prévoir les résultats, sans aucune donnée d'expérience, Blanqui, Dupin, proposaient certaines mesures d'intervention, quelques-unes de ces mesures étaient mises en pratique — les douze heures de 1848 par exemple — et elles donnaient de bons résultats. Les résultats de l'expérience, les libéraux de 1830 ne les avaient pas, et ils demandaient, ou tout au moins acceptaient quelques réformes! Ces résultats de l'expérience, les libéraux contemporains les possèdent; ils ont pu en examiner les résultats, et ils ne vont néanmoins pas plus loin que les hommes de 1830-1850. Il est permis de se demander où sont les courageux!

Examinons maintenant les raisons de ce recul des économistes libéraux contemporains.

Une des raisons à produire est la suivante :

Les économistes contemporains considèrent les questions ouvrières, comme se rattachant directement à la science économique. Elles sont pour eux de l'Art économique, et admettre en leur faveur des concessions, serait toucher aux idées fondamentales et de Dogme de leur École.

Les libéraux de 1830-1850, au contraire, n'envisageaient guère la question ouvrière, comme partie intégrante du Dogme libéral. Elle entrait dans le domaine de l'Application et ils se montraient beaucoup plus accommodants.

Pour eux, l'Economie politique était une science étroite, traitant presque exclusivement des richesses, et surtout du commerce extérieur (protection, libre-échange) et dans laquelle n'entrait aucune considération morale, sociale. La question ouvrière ne faisait pour ainsi dire pas partie de leur « Dogme » économique, aussi ne voyaient-ils pas grand inconvénient sur le domaine, de l' « Application », à se départir de leur rigorisme.

Mais les économistes contemporains, qui envisagent la science économique moins étroitement et qui renferment en elle toute la question ouvrière comme une des parties intégrantes et principales et non plus comme une simple application, ne peuvent pas aussi facilement que les Economistes de 1830 faire abandon d'aucun de leurs principes, de leurs théories fondamentales. En effet, ils se rendent compte de l'effet que produirait la moindre défection.

Elle tournerait immédiatement au profit du socialisme si menaçant ou de tout autre École prête à profiter de leur faute. M. de Molinari ne l'avoue-t-il pas dans ce passage : « Les socialistes d'Etat et les socialistes « radicaux ou révolutionnaires peuvent être en désac« cord sur la mesure de l'intervention, ils sont d'accord « sur le principe et *en admettant que ce principe soit* « *vrai,* on ne s'arrêtera pas à mi-chemin dans son appli« cation... et le socialisme d'Etat aura frayé la voie au « socialisme révolutionnaire. L'Etat ouvrier remplacera « quelque jour l'Etat bourgeois » (1).

L'ennemi est là, proche, ils le connaissent, ils ont vu ses progrès. Cet ennemi-là, les hommes de 1830-1850 ne pouvaient l'apercevoir, ni s'en méfier, car à part quelques idées de Fourier, que Blanqui trouvait ingénieuses, quelques dissertations violentes de Louis Blanc, — d'ailleurs plutôt politiques qu'économiques, et qui ne les effrayaient nullement — ils n'avaient nul ennemi à craindre. Ils supposaient la doctrine classique tellement bien assise, tellement invulnérable, ils croyaient tellement impossible qu'aucune autre pût jamais réussir contre elle, qu'ils ne s'effrayaient pas, ne craignaient rien et ne se refusaient même pas à lui apporter certaines modifications légères. Bref, l'expérience des progrès faits par les Ecoles ennemies — et ceci constitue le résumé de la seconde explication que nous proposons pour faire comprendre la différence entre la façon de voir des libéraux de 1830 et celle des économistes d'aujourd'hui — n'avait pas

(1) De Molinari, *Journal des Economistes*, avril 1890, page 151.

frappé les hommes de 1830, ne pouvait les avoir frappés, puisqu'il n'y avait pas à cette époque d'ennemis véritables ni bien dangereux.

Mais les économistes contemporains qui ont vu tous les progrès de leurs adversaires, deux violentes révolutions (1848 et 1871) un mouvement sans cesse plus avancé, des réformes socialistes triomphantes, des grèves, etc., etc., ont compris combien ils devaient se montrer jaloux de leurs principes, combien il leur était impossible de tolérer le moindre empiètement, la moindre concession.

Déjà nous l'avons remarqué, tous nos économistes de 1830-1850 (Blanqui excepté, et cela tient peut-être au voyage qu'il venait de faire en France et qui lui avait révélé des misères affreuses) tous nos économistes disons-nous, avaient subi l'influence de 1848 et se montraient — la remarque en a été faite — plus méfiants qu'ils n'étaient avant cette Révolution (1).

Quoi qu'il en soit, et il ne nous appartient pas de juger leur conduite, et de dire s'il font bien ou mal, nous conclurons en disant aux économistes libéraux contemporains, à certains surtout : Méfiez-vous, les libéraux de 1830, allaient de l'avant dans le mouvement des idées. Vous autres restez en arrière ! Faites-vous bien ? Ne craignez-vous pas de nuire à l'École que vous défendez en n'accordant pas quelques concessions aux « Principes nouveaux » et dans des

(1) Rist, sa thèse 1898, tome XLIII, page 40. « La Révolution de 1848 avait enrayé le cours de toutes les idées ».

« temps nouveaux ». La persistance trop entêtée dans vos théories ne pourrait-elle arriver à faire de votre École, une trop vieille École ! N'auriez-vous pas intérêt à la rajeunir un peu ?

Il ne nous est pas donné d'insister, car après tout, vos motifs sont peut-être excellents d'agir comme vous le faites. Mais encore une fois — nous le répétons — il doit rester de tout ceci, que vos devanciers de 1830-1850, étaient à la tête d'un mouvement et que vous êtes à l'arrière, que plus de 60 ans sont écoulés, que les idées en toutes choses ont marché et que vous ne les avez pas suivies. Comparés aux institutions de leur temps, combien les libéraux de 1830-1850 n'étaient-ils pas plus avancés que vous (1) !

(1) La contre-partie de ce travail serait peut-être à faire. Les Économistes libéraux de 1830-1850, intransigeants, sous le rapport de la liberté du commerce extérieur, faisaient volontiers des concessions en matière ouvrière.

Les libéraux contemporains se montrent fermes dans leurs principes au point de vue ouvrier, ils le seraient peut-être moins dans la question du libre-échange.

N'y a-t-il pas eu interversion de la question ?

TABLE DES MATIÈRES

Imprimerie de l'Institut international de Bibliographie Scientifique. — VI-1901.

Documents manquants (pages, cahiers...)

NF Z 43-120-13

www.ingramcontent.com/pod-product-compliance
Ingram Content Group UK Ltd.
Pitfield, Milton Keynes, MK11 3LW, UK
UKHW012209240726
13966UKWH00002B/660